昌明文庫‧悅讀人物

中華五千年
思想家評傳

曲相奎　主編

前　言
Preface

　　為了「弘揚中華當代主旋律，掀起少年國學熱旋風」，把中小學生讀物做得更全面，更適合他們積累知識、提高閱讀能力，我們傾力打造了「中華歷史名人略傳」叢書。這是我們以中華五千年國學精髓為基點，由資深教育理論專家共同參與策劃，推出的當代青少年智慧閱讀經典叢書之一。

　　我們中華民族自古就是禮儀之邦，青少年兒童是我們偉大文明的繼承者。青少年教育要從我做起、從現在做起，引領他們去了解、學習、發揚中華民族的文化精髓，樹立他們「遵紀守法、公平正義、誠信友愛」的思想意識，時刻宣導他們弘揚當代主旋律。特別是在新時期，構建和諧社會，樹立少年兒童的社會主義榮辱觀顯得尤其重要。

　　傳承中華國粹，弘揚傳統文化。傳統文化的復興必須從孩子們身上著手，培養他們「天下興亡，匹夫有責」的愛國情操；「己所不欲，勿施於人」的待人之道；吃苦耐勞、勤儉持家、尊師重教的傳統美德，中華文明才能世代相傳。

　　中華上下五千年的歷史，其實就是一幕幕人間的活話劇，這些名人不但用自身的人格魅力影響著歷史的進程，而且還無時無刻不將我們的華夏文明傳播四方。由此可見，如何挖掘和發揚傳統文化，古為今用，成為當代教育所面臨的重要課題。

　　「中華歷史名人略傳」叢書將中華上下五千年的中國歷史名人，選擇經典代表性的人物進行了分門別類，共分為五大名家，其中包括政治家、思想家、軍事家、文學家、科學家。同時，書中將他們的思想、行為、所取得的成就及歷史評價進行了深入的剖析和解讀。

　　「中華歷史名人略傳」叢書，故事通俗易懂，會使讀者耳目一新，受益匪淺，一定會成為當代青少年最喜愛的教育讀本。精彩的專家品析，也一定能成為當代關心孩子教育的家長們的良師益友。

　　中國古代的思想家人數雖然最少，但他們對中華歷史卻產生極其深遠的影響。他們富有道德良知、敢於挑戰權威，探索真理、揭示本質是他們的天職，客觀和公正是他們的判斷標準，懷疑和批判是他們的精神利劍。

　　思想家恪守理性，追求客觀和公正。思想家以關懷人類為己任，用一生探求真理，他們是真理的發現者，是思想的解放者，是文明的啟蒙者。他們撥開迷霧，戳穿畫皮，讓人們看清事物的本來面目，把自由的思想帶給人們。

　　中華五千年的歷史，湧現出無數的思想家，對推動中華歷史的發展進程起到不可估量的作用。本書對我國古代思想家及重大歷史事件進行了客觀描述，並對他們的思想精髓及對歷史進程的影響做出精彩的評點。《中華五千年思想家評傳》一定會成為青少年讀者的一本理想的教育讀本。

編　者

2012 年 3 月

目　次
Contents

目　次
Contents

目　次

Contents

目 次
Contents

目　　次
Contents

01 道家鼻祖，無為而治

—— 老子 · 春秋

▌生平簡介

姓　　名	李耳。
別　　名	老聃。
出 生 地	苦縣（今河南鹿邑，一說安徽渦陽）。
生 卒 年	約公元前五七一至前四七一年。
身　　份	哲學家、思想家。
主要成就	道家學派創始人、樸素辯證法思想。

▌名家推介

　　老子，又稱老聃、李耳，春秋時期楚國苦縣厲鄉曲仁里（位於今安徽渦陽，一說河南鹿邑）人。是中國最偉大的哲學家和思想家之一，道家學派創始人，世界文化名人。

　　老子的思想主張是「無為」，其學說對中國哲學發展具有深遠影響，其內容主要見《老子》這部書，後世稱為《道德經》。他的哲學思想和由他創立的道家學派，不但對中國古代思想文化的發展作出了

重要貢獻，更為中國兩千多年來思想文化奠定了基礎，其思想體系對全世界也產生了巨大的影響。

▌名家故事 ─────

　　周朝都城洛陽是老子的家鄉，隨著時間的推移，他的學問日益加深，聲名越來越響。春秋時稱呼學識淵博的人為「子」，用來表示對這個人的尊敬，因此，人們都稱老聃為「老子」。

　　魯國的孔丘苦苦鑽研禮的學問，可最終還是沒有得出理想的結果，十分困惑。當他聽說老子經過多年探索鑽研，知識淵博，已經達到了天人合一的地步，決定去拜訪。

　　老子看見孔子，便熱情地問道：「你來了，聽說你現在已經成了北方的賢者，可不知你是否已經懂得了天道？」孔子回答說：「我還沒有懂得天道。」老子又問：「那麼，你是如何去探求天道的？」孔子回答說：「我從陰陽的變化中來尋求，已有十二年了，可仍然沒有得到。」

　　老子說：「是啊。陰陽之道是眼睛看不到，耳朵聽不到，言語不可以表達的，是通常的智慧所不能把握的。因此，所謂得道，只能是體會道，是無法用合適的言辭表述清楚的。」

　　老子稍微停了一下，看了看孔子，又繼續說：「你說你尋求了十二年而不得道，那是當然的。如果道是可以奉獻的，那麼，人們就沒有不把它奉獻給君王的；如果道是可以進貢的，那麼，子女就沒有不把它進貢給父母的；如果道可以告訴別人，人們就沒有不告訴兄弟的；如果道可以留給他人，那麼，人們就沒有不留給子孫的。然而，

這些只是假設，是不可能實現的。因為道不可見、不可聽、不可言、不可贈送。尋求道，關鍵在於內心的感悟。」

臨別時，老子對孔子說：「富貴的人用錢財送人，有學問的人用言辭送人，我不算有學問的人，但還是送給你幾句話。」老子停了一會兒說：「孔丘啊，你要恢復的周禮已失去生命力了。你時來運轉時就駕著車去做官，生不逢時就像蓬草一般地隨風旋轉。要知道善於經商的人總是將貨物藏起來，好像什麼也沒有；有高尚道德的人容貌謙虛得像個笨人，拋棄你的驕氣和過高的欲望，這些東西對你沒有什麼好處。」

老子的一席話，對孔子觸動很大，他對自己的學生說：「鳥，我知道它們善飛；魚，我知道它們善游；獸，我知道它們善於奔走。對於鳥，可以用箭射它；對於魚，可以用網捕捉；對於獸，可以用陷阱擒獲。至於天上的龍，我不知道龍的形狀，也不知道它是怎樣乘著風飛上天的。今天我看見了老子，就像見到了龍一樣。」這就是在中國歷史上孔子問禮的故事。

函谷關，是古代著名的雄關要塞，是進入秦國的必經之地，素有「一夫當關，萬夫莫開」之稱。

函谷關守關的長官是尹喜，有一天，他正站在城關上，只見關谷中有一團紫氣從東方冉冉飄移而來。尹喜是一個修養與學識極其高深的人。他看到這種氣象，心裏一頓，只有聖人到來才會有這樣的祥氣，今天一定有聖人要經過我的城關了，不知是哪一位。不多一會兒，就見到一位仙風道骨之人，騎著一頭青牛慢慢向關口行來。竟然是老子！尹喜知道他要遠走高飛了，一定要讓這位當代最著名的思想家留下他的智慧來。於是纏著他，要他寫一點著作，作為放他出關的條件。

老子沒辦法，只得答應。他沉思默想，在簡牘上一字一句地寫起來。寫了上篇，又接著寫了下篇，據說寫了幾天，共有五千餘字，取名為《道德經》。上篇叫〈道經〉，下篇叫〈德經〉，又分成八十一章。於是一部「五千言」驚天動地的偉大著作誕生於老子出關的路上。

現在函谷關太初宮的正殿，就是當年老子著書的地方。《道德經》被奉為道教的經典。

後來老聃隱居宋國沛地，自耕而食，自織而衣。慕名前來求學的人絡繹不絕，求問修道的方法，學術上的要旨，處世的哲學等，於是老子的弟子遍佈天下。孔子後來又多次向老子問禮，才有了後來的成就。

老聃長壽，一百餘歲仙逝，鄰里皆來弔唁。有悼文道：「老聃大聖，替天行道，遊神大同，千古流芳。」

▌專家品析 ————

老子在中國哲學史上最大的貢獻，就是指出了作為宇宙萬物本原及其存在的根據，他創造了「道」，創立了以「道」為核心，強調人的主體性和自然規律的客觀性，主張人要順應自然，反對人對自然的掠奪。在個人與他人、與群體的關係上，老子提出「無爭」的處世原則，反對對功名利祿的攫取，啟發人們要做到人與人、人與社會的和諧相處。

老子的思想及其著作早已成為世界歷史文化遺產的寶貴財富。歐洲從十九世紀初就開始了對《道德經》的研究，到二十世紀的四五十

年代，歐洲共有六十多種《道德經》譯本，德國哲學家黑格爾、尼采，俄羅斯大作家列夫・托爾斯泰等世界著名學者對《道德經》都有深入的研究，並都有專著或專論問世。

▌主張或論著

　　《道德經》又稱《道德真經》、《老子》等，是中國古代先秦諸子分家前的一部著作，為當時諸子所共仰，是道家哲學思想的重要來源。《道德經》分上、下兩篇，原文上篇〈德經〉、下篇〈道經〉，不分章，後改為〈道經〉在前，〈德經〉在後，並分為八十一章，是中國歷史上首部完整的哲學著作。

02 至尊至聖，萬世師表

—— 孔子・春秋

姓　　名	孔丘。	
別　　名	孔子、孔仲尼。	
出 生 地	陬邑昌平鄉（今山東省曲阜市南辛鎮）。	
生 卒 年	公元前五五一至前四七九年。	
身　　份	教育家、思想家。	
主要成就	開創儒家學派、編纂《春秋》，修訂《五經》、創辦私學，打破貴族教育。	

名家推介 ————

　　孔丘，字仲尼。春秋時期魯國陬邑昌平鄉（今山東省曲阜市南辛鎮魯源村）人，漢族，享年七十三歲。

　　孔子是中國古代偉大的思想家和教育家，儒家學派創始人，世界最著名的文化名人之一。他一生傳道、授業、解惑，被中國人尊稱「至聖先師，萬世師表」。他編撰了中國第一部編年體史書《春秋》。孔子的言行思想主要記載於語錄體散文集《論語》及先秦和秦漢保存

下的《史記・孔子世家》。

▌名家故事 ────────

　　孔子自二十多歲起，關注天下大事，經常思考治國的問題，也經常發表見解，三十歲時，已經很有名氣了。

　　魯昭公二十年，齊景公出訪魯國時召見了孔子，與他討論秦穆公稱霸的問題，孔子由此結識了齊景公。魯昭公二十五年，魯國發生內亂，魯昭公被迫逃往齊國，孔子也離開魯國，到了齊國，受到齊景公的賞識和厚待，甚至想準備把尼溪一帶的田地封給孔子，但被大夫晏嬰阻止。魯昭公二十七年，齊國的大夫想加害孔子，孔子只好倉皇逃回魯國。當時的魯國，政權掌握在大夫的家臣手中，因此孔子雖有過兩次從政機會，都放棄了，直到魯定公九年被任命為中都宰，此時孔子已五十一歲了。孔子治理中都（今汶上縣）一年，卓有政績，被升為小司空，不久又升為大司寇，行使宰相的權利，使魯國大治。魯定公十二年，孔子為削弱三桓的勢力，拆毀三桓所建城堡，與三桓的矛盾也隨之暴露。魯定公十三年，齊國送八十名美女到魯國，季孫氏接受了女樂，君臣迷戀歌舞，多日不理朝政，孔子非常失望，不久魯國舉行祭祀，按照慣例要送祭肉給大夫們，沒有送給孔子，這表明季氏不想再任用他了，於是孔子被迫離開魯國，到其它諸侯國去尋找出路，從此開始了周遊列國的旅程，這一年，孔子五十五歲。

　　孔子帶眾弟子先到了衛國，衛靈公開始非常尊重孔子，按照魯國的俸祿標準發給孔子俸粟六萬石，但沒有官職，不參與政事。孔子在衛國住了約十個月，因有人在衛靈公面前進讒言，衛靈公對孔子起了

疑心，派人公開監視孔子的行動，於是孔子帶弟子離開衛國去陳國。路過匡城時，因誤會被人圍困了五天，逃離匡城，到了蒲地，又碰上衛國貴族公叔氏發動叛亂，再次被圍。逃脫後，又返回了衛國，衛靈公聽說孔子師徒從蒲地返回，非常高興，親自出城迎接。此後孔子幾次離開衛國，又幾次回到衛國，一方面是由於衛靈公對孔子時好時壞，另一方面是孔子實在是沒有更好的去處，只好又返回。

魯哀公二年，孔子五十九歲，離開衛國經曹、宋、鄭到了陳國，孔子師徒被服勞役的人圍困在半道，前不靠村，後不靠店，所帶糧食吃完，絕糧七日，最後還是子貢找到楚國人，楚國派兵迎接孔子，才使其免於一死。孔子六十四歲那年又回到衛國。

孔子周遊列國，歷時十四年，行程數千里，傳播自己的思想。魯哀公繼位後，孔子六十八歲帶領眾弟子回到魯國，被尊為「國老」。一直到七十三歲去世，他把大部分時間和精力都用於與弟子切磋學問和著書立說上。孔子是《春秋》的編著者，《易》的注解者，《禮》、《樂》的修訂者，《詩》、《書》的編者。這些中華民族的傳統文化，均對後世產生了深遠影響。

孔子的思想體系集中體現在以下幾個方面：

政治思想其核心是「禮」與「仁」，在治國的方略上，他主張「為政以德」，用道德和禮教來治理國家是最高尚的治國之道。這種治國方略實際上已打破了傳統的禮不下庶人的信條，打破了貴族和百姓間原有的一條重要界限，孔子的這種人道主義和秩序精神是中國古代社會政治思想的精華。

孔子的經濟思想最主要是重義輕利、「見利思義」的義利觀與「富民」的思想。這也是儒家經濟思想的主要內容，對後世有較大的影響。他的理論體系體現在要求人們在物質利益的面前，首先應該考慮

怎樣符合「義」，只有符合「義」，然後才能獲取。人不應該用不義的手段取得富貴。孔子還認為，對待「義」與「利」的態度，可以區別「君子」與「小人」。有道德的「君子」，固然懂得「義」的重要性，而缺乏道德修養的「小人」，則只知道「利」而不知道「義」。

在教育上，孔子首次提出「有教無類」的理論思想精髓，認為世界上一切人都享有受教育的權利。在教育實踐上他提出了很好的建議：教師在教書育人的過程中應該「誨人不倦」、「循循善誘」、「因材施教」。他認為學生應該有好的學習方法如「舉一反三」、「溫故而知新」；學習還要結合思考，「學而不思則罔，思而不學則殆」；好學，「三人行必有我師」；學習態度要端正。孔子的教育思想，至今仍對現代教育有著重要的借鑒作用。

▌專家品析

孔子的人格修養、道德和思想精髓，孔子的苦難生活，對培養當代中小學生吃苦耐勞的精神很重要。接近孔子、研究孔子，對廣大青少年傳承國學經典，弘揚傳統文化將具有深刻的理論和現實意義。

孔子被稱為「萬世師表」，研究孔子的教育思想，促進當代教育工作者自身專業的成長和師德修養，啟發教育教師對學生要注重因材施教、關注學生成長、促進學生成才、提升當代學校教育教學品質，尤為重要。

▌主張或論著 ——————

　　《論語》是孔子的弟子整理的對孔子及其弟子言行的記錄。它以語錄體和對話文體為主，記錄了孔子及其弟子言行，集中體現了孔子的政治主張、論理思想、道德觀念及教育原則等。通行本《論語》共二十篇。

03 墨家鉅子，兼愛非攻

—— 墨子‧春秋

▌生平簡介

姓　　　名	墨翟。
別　　　名	墨子。
出　生　地	不詳。
生　卒　年	約公元前四六八至前三七六年。
身　　　份	思想家，教育家，墨家學派創始人。
主要成就	開創墨家學說。

▌名家推介

　　墨子，名翟，魯國人。墨子是中國戰國時期著名的思想家、教育家、科學家、軍事家、社會活動家，墨家學派的創始人。

　　墨子創立墨家學說，他一生的活動主要在兩方面：一是廣收弟子，積極宣傳自己的學說；二是不遺餘力地反對兼併戰爭，並有《墨子》一書傳世。

▌名家故事 ————

　　墨子的少年時代做過牧童，學過木工。作為沒落的貴族後裔，他自然也受到必不可少的文化教育。在他的家鄉，滔滔的黃河奔流東去，巍巍的黛眉山阻擋了墨子的視線。墨子決心走出大山，去拜訪天下名師，學習治國之道，恢復自己先祖曾經有過的榮耀。於是他開始各地遊學，學習儒家之術。但是，逐漸發現，儒家所講的都是些華而不實的理論。

　　墨子帶著各地收集的典籍回到故里，登上高高的黛眉山，開始數年的隱修。他從政治文獻中，尋求救世真諦；從各種兵書中，揣摩攻守之道；從各種武功秘笈中，習練獨特的劍術技藝。

　　與平靜的黛眉山相比，山外的世界異常不平靜，戰車在馳騁，民眾在哀號，儒家還在推崇自己的學說。墨子背著自己的長劍，舉著反儒的大旗，帶著一顆救世的雄心，走下高高的黛眉山，開始介入諸侯的紛爭。

　　他首先在各地聚眾講學，以激烈的言辭抨擊儒家和各諸侯國的暴政。大批的手工業者和下層人士紛紛開始追隨墨子，墨子及其弟子組成了墨家集團。他們有嚴密的組織和嚴格的紀律，穿短衣草鞋，參加勞動，以吃苦為高尚。如果誰違背了這些原則，輕則開除，重則處死。墨家學派領袖稱鉅子，代代相傳，所有墨者都服從鉅子的指揮，甚至不惜「赴火蹈刃」。

　　墨子的學說思想主要包括以下幾點：

　　兼愛非攻。所謂兼愛，包含平等與博愛的意思。與儒家的博愛相反，墨子要求君臣、父子、兄弟都要在平等的基礎上相互友愛，並認為社會上出現強欺弱、富侮貧、貴傲賤的現象，是因天下人不相愛所

致。同時，墨子也看到春秋戰國時期，最大的弊病就是戰爭，因此，從兼愛的思想中，引申出了非攻。

天志明鬼。宣揚天志鬼神是墨子思想的一大特點。墨子認為天之有志是兼愛天下百姓。他不僅堅信鬼神，而且尤其認為它們對於人間君主或貴族會賞善罰暴。天賦人權與制約君主的思想，是墨子哲學中的一大亮點。

尚同尚賢。尚同是要求百姓與天子上下一心，實行義政；尚賢則包括選舉賢者為官吏，選舉賢者為天子國君。墨子認為，國君必須選舉國中賢者，而百姓理應在公共行政上對國君有所服從。

節用節葬。節用是墨家非常強調的一種觀點，抨擊君主、貴族的奢侈浪費，尤其反對儒家看重的厚葬之俗，認為君主、貴族都應像古代三代聖王一樣，過著清廉儉樸的生活。墨子要求墨者在這方面也能身體力行。

非樂。墨子極其反對音樂，甚至有一次出行時，聽說車是在向朝歌方向走，立馬掉頭。他認為音樂雖然動聽，但會影響農民耕種、婦女紡織、大臣處理政務，上不合聖王行事的原則，下不合百姓的利益，所以反對音樂。

非命。墨子反對儒家所說的「生死有命，富貴在天」，墨子看到這種思想對人的創造力的消磨與損傷，所以提出非命。

墨子哲學思想的主要貢獻是在認識論方面。他以直接感覺經驗為認識的唯一來源，他認為，判斷事物的有與無，不能憑個人的臆想，而要以大家的耳聞目睹為依據。墨子從這一樸素唯物主義經驗論出發，提出了檢驗認識真偽的標準，但墨子並沒有忽視理性認識的作用，墨家學派創建了中國第一個邏輯思想體系。

在墨家整個思想體系中，軍事思想佔有重要位置。《墨子》軍事

思想是處於弱者地位的自衛學說,其主要內容有二:一是非攻,反對攻伐掠奪的不義之戰;二是救守,支持防守誅討的正義之戰。

墨子還堅決無情地揭發當時戰爭給人民帶來的沉重無盡的災難:貽誤農時,破壞生產。戰爭是斬斷了老百姓的衣食之源;搶劫財富,不勞而獲,同樣是不義行為;殘害無辜,掠民為奴。從「非攻」出發,《墨子》論述了作為弱小國家如何積極防禦的問題。墨子深知,光講道理,大國君主是不會放棄戰爭的,因而主張以積極防禦制止以大攻小的侵略戰爭。墨子防禦理論在中國兵學史上佔有重要地位。後世有關防禦原則和戰術的記述,多來自於《墨子》,以至於一切牢固的防禦也被籠統稱為「墨守」。

墨子的思想和言論,被門徒編成《墨子》一書傳世。這是一部光彩奪目的巨著,是墨家學說的精華之作。墨子的基本主張是:反對剝削,崇尚勞動;反對以強欺弱,主張兼愛、非攻;反對儒家禮樂,主張節葬、節用;反對世卿世祿,主張尚賢、尚同。於是,在墨子晚年,儒墨齊名。他去世後,墨家弟子充滿天下不可勝數,戰國時期雖有諸子百家,但「儒墨顯學」則是百家之首。

▎專家品析 ————

墨子的哲學思想反映了從宗法奴隸制下解放出來的小生產者階層的二重性,他的思想中的合理因素為後來的唯物主義思想家所繼承和發展,其神秘主義的糟粕也為秦漢以後的神學目的論者所吸收和利用。墨子作為先秦墨家的創始人,在中國哲學史上產生過重大影響。

墨子的科學造詣之深,成就之大,在中國古代傑出科學家的行列

中堪稱為佼佼者之一。遺憾的是，墨子在科技領域中的理性靈光，隨著後來墨家的衰微，幾近熄滅。後世的科學家大多注重實用，忽視理性的探索，這實際上是中國科技史上的莫大損失。

▋主張或論著

墨子的主要思想是兼愛、非攻、尚賢、尚同、節用、節葬、非樂、天志、明鬼、非命等項，以兼愛為核心，以節用、尚賢為支點。墨家是一個宣揚仁政的學派，在法家崛起以前，墨家是先秦和儒家相對立的最大的一個學派，並列「顯學」。

04 天時地利，地利人和
—— 孟子‧戰國

生平簡介

姓　　名　孟軻。

別　　名　孟子、亞聖。

出 生 地　鄒（今山東鄒縣）。

生 卒 年　公元前三七二至前二八九年。

身　　份　思想家。

主要成就　孟子稱為「亞聖」，其思想與
　　　　　孔子思想合稱為孔孟之道。

名家推介

　　孟子，名軻，字子輿。戰國時期魯國人，中國古代著名思想家、
教育家，戰國時期儒家代表人物。

　　他著有《孟子》一書，孟子繼承並發揚了孔子的思想，成為僅次
於孔子的一代儒家宗師，孔子是聖人，孟子是亞聖。孟子與孔子合稱
孔孟，多數人稱為「孔孟之道」。

▌名家故事 ────────

　　孟子幼年喪父，母親倪氏對他教養很嚴，「孟母三遷」和「斷機教子」等故事被後世傳為佳話。他曾受業於子思（孔子嫡孫）的門人，成為儒家曾參、子思的繼承人。

　　他繼承和發展了孔子的學說，提倡唯心的先驗論，並使之系統化、理論化，開啟後世儒家學說，對封建道德倫理學說的形成影響很大，後人尊稱他為「亞聖」。

　　孟子曾仿傚孔子，帶領門徒周遊各國。但不被當時各國所接受，晚年才回到故鄉，專心從事教育活動，退隱與弟子一起著書。他的著名弟子有萬章、公孫丑、樂正子、公都子等。

　　他一生的思想體系主要集中在以下幾個方面：

　　首先是教育思想，孟子在道德教育方面，提出了很多重要的原則，注重道德理想的培養和道德意志的鍛鍊；但他誇大了人的主觀能動性，他的道德教育思想對兩千年來中國封建社會時期的道德教育的理論和實踐產生了深遠的影響。孟子的道德教育，可概括為以下幾點：

　　一、寡欲養氣。孟子主張節制私欲。他認為養心的方法，沒有比儘量減少欲望更好了。那些平素欲望少的人，儘管也有失去善性的，畢竟是少數；那些平素欲望多的人，儘管也能保存善性，但把握起來就很難。寡欲是克制欲念，養氣則是發揚善性。孟子提出了浩然之氣，所謂浩然之氣是由道義積累而產生的，它是一種具有道德屬性的精神力量；有了它就能理直氣壯，敢於堅持自己的信仰，甚至具有為之獻身的精神。

　　二、自我檢查，自我反省。孟子的思想中，提出了要重視這種修

養手段，他提出了思考的觀點，加大了自覺地進行自我反省，把迷失了方向的善良的心尋找回來。

三、改過遷善的主張。他認為人有過錯就應改正，這樣，才能獲得人們的尊敬。他反對那種為自己的過錯進行辯解的人。他還提出了知過能改還不夠，還應該「好善」、「為善」和「與人為善」。「好善」就是讚揚、吸取別人的善言、善行，「為善」即自己去行善事，「與人為善」則是與別人共同為善，這是最好的德行。

四、意志鍛鍊的思維。他認為有了堅定的意志，才可以養成浩然正氣，才可以去惡從善。他指出，一個人要通過意志的鍛鍊才能有堅強的性格，才能擔負起治理天下的重任。他說：「故天將降大任於斯人也，必先苦其心志，勞其筋骨，餓其體膚，空乏其身，行拂亂其所為，所以動心忍性，增益其所不能。」

五、孟子很注重交友，認為不僅要與鄉、國、天下的賢人善士交朋友，還要追及古人，和他們「交朋友」。就交朋友本身而言，他有著自己的標準，主張在交友中不依仗年齡大，地位高和兄弟之情，而應根據人的品行去結交，在結交時則應以恭敬為上。

其次，體現在教育方法。孟子關於教學與學習的主張與古人對於教育、教學方法，並沒有嚴格的區別，有時是同時並舉或互相借鑒、互相包容。其主張大致如下：

一、深造自得。孟子認為學習的最高目的，是使知識達到「自得」的境界。他認為一個人的知識達到「自得」境界的時候，在處理和解決事物時，才能操持自如，左右逢源。孟子

還認為，深造自得的途徑，不僅要注重掌握廣博的知識，而且還要注意思想境界的昇華，他是第一個提出書是越讀越薄的人。

二、專心有恆。孟子反對那種三心二意和心不在焉的學習態度。他認為，是否專心，對學習的好壞關係極大。不僅要專心，還要堅持不懈，不能一曝十寒。

三、循序漸進。他反對「揠苗助長」，這種生動的譬喻，說明了循序漸進的必要性。

四、重思存疑。重思是孟子教學思想的特點，他認為感官只能擾亂人們的認識，唯有依靠心靈的思維才能認識事物。

五、因材施教。他認為，除了自暴自棄者外，對有心問學的人都可量材施教。他認為君子教育人的方法有五種：有像及時雨那樣灌溉的教育，有成全其品德的模式，有培訓才能的方法，有解答疑難問題的方式，有用才學影響後人使其自學獲益的可能。

▌專家品析

孟子從他「仁政」的內容及其理論基礎「性善論」和歷史根據「先王之道」來看，他的出發點是唯心主義的，保守的，調和的，但有古代民主的一面。那種痛恨暴政，重視人民經濟生活及其在政治上重要性的思想，是有進步意義的。這種思想，在歷史上的不同時期起過不同程度的作用，影響是很大的。

孟子是儒家最重要的代表人物之一，《孟子》一書為儒家經典，

南宋朱熹又把《孟子》與《論語》、《大學》、《中庸》合為「四書」，《大學》和《中庸》被認為是孔子弟子曾參和孔子之孫子思的著作，這樣，《孟子》一書便與孔子及孔子嫡系的著作平起平坐了，其實際地位更在「五經」之上。

▌主張或論著

　　孟子學說出發點為性善論，提出「仁政」、「王道」，主張德治。其文章說理暢達，氣勢充沛並長於論辯，邏輯嚴密，尖銳機智，代表著傳統散文寫作最高峰。孟子在人性問題上提出性善論，即「人之初，性本善。」

05 天人合一，清靜無為
—— 莊子・戰國

▌生平簡介 ————

姓　　名	莊周。
別　　名	莊子、南華真人。
出 生 地	宋國蒙（今安徽蒙城縣）。
生 卒 年	約公元前三六九至前二八六年。
身　　份	哲學家，思想家，文學家。
主要成就	道家學說的主要創始人及發揚「莊子哲學」思想體系。

▌名家推介 ————

　　莊子，名莊周。莊子是中國先秦時期偉大的思想家、哲學家、文學家。宋國蒙（今河南商丘東北，一說今安徽蒙城縣）人。

　　老子哲學思想的繼承者和發展者，他是道家學說的主要創始人，與道家始祖老子並稱為「老莊」，他們的哲學思想體系，被思想學術界尊為「老莊哲學」，他的文采更勝老子。其代表作《莊子》被尊崇者演繹出多種版本，名篇有〈逍遙遊〉、〈齊物論〉等，莊子主張「天人合一」和「清靜無為」。

▎名家故事 ────────

　　莊子是一個憤世嫉俗的人，他生活在戰國時期，和梁惠王、齊宣王同一時代，約比孟子的年齡略小，曾做過家鄉的小官，生活很窮困，卻不接受楚威王的重金聘請，在道德上其實是一位非常廉潔、正直，相當有稜角和鋒芒的人。

　　雖然他一生淡泊名利，主張修身養性、清靜無為，在他的內心深處則充滿著對當時世態的悲憤和絕望。也正因為世道污濁，他才退隱；正因為有了生命中的很多經歷，他才與世無爭；正因為人生有太多的不自由，他才強調率性而為。他認為做官戕害人的自然本性，不如在貧賤生活中自得其樂，這就是對過於黑暗污濁現實的一種強烈的覺醒與抗爭。

　　莊子主張精神上的逍遙自在，所以在形體上，他也試圖達到一種不需要依賴外力而能成就的一種逍遙自在境界；主張宇宙中的萬事萬物都具有平等的性質，人融入萬物之中，從而與宇宙相終始；提倡護養生命的主宰也就是人的精神是要順從自然的法則；要求重視內在德性的修養，德性充足，生命自然流注出一種自足的精神的力量。

　　莊子學說特點，他所持的宇宙與人的關係是「天人合一」，是物我兩忘的，所以他有著通達的生死觀；認為是道給予我們形貌，天給予了我們形體，我們要做到不因好惡而損害自己的本性。他以人的完整生命為起點來思考人應當度過一個怎樣的生命旅程。他超越了任何知識體系和意識形態的限制，站在天道的環中和人生邊上來反思人生，他的哲學是一種生命的哲學，他的思考也具有終極的意義，而且還有很多思想十分超前，比如「一尺之捶，日截其半，萬世不竭」，就是數學裏的極限思想。

「仁義」二字被視為儒家思想的標誌，「道」一詞卻是道家思想的精華。莊子的「道」是天道，是效法自然的「道」。莊子的哲學主要接受並發展了老子的思想。他認為「道」是超越時空的無限本體，它生於天地萬物之間，而又無所不包，無所不在，表現在一切事物之中。然而它又是自然無為的，在本質上是虛無的。

在莊子哲學中，「天」是與「人」相對立的兩個概念，「天」代表著自然，而「人」指的就是「人為」的一切，與自然相背離的一切。「人為」兩字合起來，就是一個「偽」字。莊子主張順從天道，而摒棄「人為」，摒棄人性中那些「偽」的雜質。順從「天道」，從而與天地相通的，就是莊子所提倡的「德」。

在莊子看來，真正的生活是自然而然的，因此不需要去教導什麼，規定什麼，而是要去掉什麼，忘掉什麼，忘掉成心、機心、分別心。既然如此，就不需要政治宣傳、禮樂教化、仁義勸導，這些宣傳、教化、勸導，都是人性中的「偽」，所以要摒棄它。

莊子認為人活在世上，到處充滿危險，人生應追求自由。莊子也認為人生有悲的一面，他並不否認矛盾，只是強調主觀上對矛盾的擺脫。莊子用「無為」來解釋這一術語，與老子不同，這裏「無為」是指心靈不被外物所拖累的自由自在，無拘無束的狀態。這種狀態，也被稱為「無待」，意思是世上沒有相對的東西。如果人們拋棄了功名利祿，這是一種「心」與「道」合一的境界。

在知識分子的心目中，老莊，尤其是莊子的哲學是最為適應創造力的需要，最貼合他們內心深處隱微的部分。它在儒家的規矩嚴整與佛家的禁欲嚴峻之間，給中國的知識分子提供了一塊可以自由呼吸的空間，它是率性的，是順應自然的，而反對人為束縛的，它在保全自由「生命」的過程中，竭盡了最大的心力。

莊子在中國哲學史上既是一位有著鮮明特色的偉大哲學家，又富於詩人的氣質。在他的著作中，用生動形象而幽默詭異的寓言故事來闡述自己的思想，這種寓言的方式使莊子的思想和想像具有著水一般的整體性。

莊子的文章結構，很奇特，看起來並不嚴密，常常突兀而來，行所欲行，止所欲止，汪洋恣肆，變化無端，有時似乎不相關，任意跳蕩起落，但思想卻能一線貫穿。句式也富於變化，或順或倒，或長或短，再加上詞彙豐富，描寫細緻，又常常不規則地押韻，顯得極富表現力，極有獨創性。

莊周一生著書十餘萬言，書名《莊子》。這部文獻的出現，標誌著在戰國時代，中國的哲學思想和文學語言，已經發展到非常玄遠、高深的水準，是中國古代典籍中的瑰寶。

▍專家品析 ————————

莊子不但是中國哲學史上一位著名的思想家，同時也是中國文學史上一位傑出的文學家。無論在哲學思想方面，還是文學語言方面，他都給予了中國歷代的思想家和文學家以深刻巨大的影響，在中國思想史、文學史上都有極其重要的地位。

莊子在哲學上繼承發揚了老子和道家的思想，形成了自己獨特的哲學思想體系和獨特的學風文風。他崇尚自然，並且認為，人生的最高境界是逍遙自得，是絕對的精神自由，而不是物質享受與虛偽的名譽。莊子這些思想和主張，對後世影響深遠，是人類思想史上一筆寶貴的精神財富。作為道家學派始祖的老莊哲學是在中國的哲學思想中

唯一能與儒家和後來的佛家學說分庭抗禮的古代最偉大的學說。它在中國思想發展史上佔有的地位絕不低於儒家。

▌主張或論著 ──────

他的思想包含著樸素辯證法因素，主要思想是「天道無為」，認為一切事物都在變化，莊子認為自然的比人為的要好，提倡無用，認為大無用就是有用。

06 見解獨特，自成一說

—— 荀子·戰國

姓　　名　荀況。

別　　名　荀子。

出 生 地　趙國猗氏（今山西安澤）。

生 卒 年　公元前三一三年至前二三八
　　　　　年。

身　　份　思想家，文學家，政治家。

主要成就　繼承和發展了孔子思想。

名家推介

　　荀子，名況，字卿，漢族，戰國末期趙國猗氏（今山西安澤）人，曾三次出任齊國稷下學宮的祭酒，後為楚國蘭陵（今山東蘭陵）令。

　　荀子對儒家思想有所發展，提倡性惡論，常被與孟子的性善論比較。他是著名思想家、文學家、政治家，儒家代表人物之一，對重整儒家典籍也有相當的貢獻。

▍名家故事 ─────

　　荀子很小的時候就離開家到蘇杭一帶求學，公元前三一六年，風華正茂的荀子來到燕國，正巧碰到燕王想傚仿遠古聖王的禪讓制度將王位傳於臣子，自己反為臣下，這在當時社會上引起了極大的轟動。老百姓們議論紛紛。此決定也遭到了燕國貴族和齊國的竭力反對，整個燕國都處於動盪之中。對燕國瞭若指掌的荀子苦口婆心地勸阻燕王無效。公元前三一四年，齊宣王大舉進攻燕國，僅用五十天時間就攻下了燕都，殺掉燕王。

　　目睹燕國的遭遇，荀子痛心無比，此後隱匿行蹤長達二十多年。直到公元前二八六年，因為學識淵博而以「秀才」之名聞名當世。齊閔王繼承王位之後，廣召天下賢明到稷下學宮，五十歲的荀子被聘請來到稷下遊學，但他為人剛正耿直，看到這些學者只是整天在學宮裏爭辯不休，而在現實的治國方面沒有任何作為，於是對各家的學說及學者進行了批判，遭到了學者們的不滿。

　　公元前二八六至公元前二八五年，齊閔王發兵滅掉了宋國。凱旋班師後，因高興就在朝堂上向大臣和學者們誇耀自己的功績，言下還透露出對武力的強烈崇拜。此後齊閔王加緊鍛鍊精兵強將，卻不思考怎樣用德行去教育子民管理國家。荀子主張德治，於是對齊閔王進行了諍諫。已經被戰爭的勝利沖昏了頭腦的齊閔王，哪裏還聽得進荀子的那些大道理？荀子很失望，自己的思想主張得不到君王的採用，心裏抑鬱，再加上在學宮遭到了一些學者的排擠，覺得自己的學問很難在齊國發揮作用，於是便離開齊國去了楚國。

　　在楚國，荀子正趕上秦將白起攻打楚國，戰亂中他不得不回到齊國，憑他的學識和才德，成為最受歡迎、最受尊敬的先生。公元前二

六四年，齊襄王死後，荀子在齊國很不得志。由於荀子在各個諸侯國很有名氣，秦國國君聽說了荀子在齊國的遭遇，便誠懇地邀請荀子到秦國去。荀子接受了邀請。在秦國，荀子對秦國的政治、軍事、民情風俗進行了仔細的考察後，建議秦昭王重用儒士，採用德治，減少武力。秦昭王雖然頭答應，事實正忙於兼併戰爭，所以不可能採用荀子的建議，於是荀子又離開秦國而前往別國。

公元前二五九至前二五七年間，荀子流落到了趙國，後來不得已又返回齊國，都感到自己的思想得不到重用，萬般無奈下，他又去了楚國，正碰上楚國攻佔了蘭陵。公元前二五五年，荀子被楚國春申君任命為蘭陵縣令。有人認為荀子對楚國來講是個危險人物，於是荀子又受到排擠。荀子又辭別楚國來到趙國，這次他得到了較高的禮遇，被任命為「上卿」或「上客」。後來楚國有人向春申君說好話請荀子回楚。在春申君的多次力邀下，荀子為其誠意所感動，又回到楚國，又任蘭陵令。任職期間，政績卓著，內治外聯，施惠於民，政平而民安，受到百姓愛戴。公元前二三八年，春申君被李園殺害，荀子被罷了官，沒幾年就去世了。

對於孟子所說的人之性善，荀子駁斥他的理論觀點。荀子闡述說：「人餓了便想吃，冷了便想穿，疲勞了便想休息；苦飯不願吃，破衣不愛穿，辛苦的事不願意幹；愛聽好聽的聲音，愛看好看的顏色。順著這些天性，人就不會循規蹈矩，因此人性本是惡的。」

荀子分析批判諸子百家的言論，並吸收了各家的優秀思想。如荀子說「天行有常」，就是說自然界的運行變化是有固定次序的，這和老子說的「道法自然」，在客觀物質世界都有其一定的運行規律是相通的，顯然是受了道家思想的影響。荀子主張以禮治國，這跟孔子的重視禮是源流相通的。可是荀子所說的禮，重在分定界限，強調禮的

制裁的一面，已隱含著法的作用，表現出趨向法治的觀點，並以此影響了他的學生韓非子、李斯等人，成為主張法治主義的法家學派，促成了秦朝專制主義中央集權制度的建立。

▌專家品析

荀子是春秋戰國「百家爭鳴」的集大成者，也是先秦繼孟子後儒學最後一位大師。他建立了博大的儒家思想體系，同時又對諸子思想均有批判吸收。後人對他的爭議極大，有的說他是孔門嫡傳，有的說他是儒學異端，有的說他是法家，是黃老思想家，也有的說他是經師，是專制理論的祖師。

荀子對儒學的最大貢獻就是在於他思想上的「雜」和「異」。他不僅是先秦儒學發展史的重要環節，也是先秦思想史上具有承前啟後意義的思想家。荀子一生治學嚴謹，遊學不止，因為學識淵博，被後世司馬遷稱作「最為老師」。

▌主張或論著

荀子推崇孔子的思想，以孔子的繼承人自居，特別著重的繼承了孔子的「外王學」。他又從知識論的立場上批判地總結和吸收了諸子百家的理論主張，形成了富有特色的自然觀、道德觀、社會歷史觀等價值體系，並在此基礎上，對先秦哲學進行了總結。

07 法家大成，後世代表
—— 韓非子 · 戰國

▌生平簡介 ————

姓　　名	韓非。
出 生 地	戰國末期韓國（今河南新鄭）。
生 卒 年	公元前二八一至前二三三年。
身　　份	哲學家、思想家。
主要成就	〈孤憤〉。

▌名家推介 ————

　　韓非子，漢族，戰國末期韓國（今河南省新鄭）人。他博學多能、才學超人、思維敏捷，是中國古代著名的哲學家、思想家，政論家和散文家，法家思想的集大成者，後世稱「韓子」或「韓非子」，中國古代著名法家思想的代表人物。

▌名家故事 ————

　　韓國在戰國七雄中是最弱小的國家，韓非身為韓國公子，目睹韓國日趨衰弱，曾多次向韓王上書進諫，希望韓王安勵精圖治，變法圖強，但韓王置若罔聞，始終未採納他的建議，這使他非常悲憤和失

望。

於是，韓非寫下了〈孤憤〉、〈五蠹〉等一系列文章。後來這些文章流傳到了秦國，秦王嬴政讀後，極為讚賞，但不知這兩篇文章是誰所寫，於是便問李斯，李斯和韓非都是荀子的弟子，李斯告訴他是韓非的著作。

為了見到韓非，秦始皇下令攻打韓國。韓王安原本不重用韓非，但此時形勢緊迫，於是便派韓非出使秦國。秦王嬴政見到韓非，非常高興，卻並未信任和重用。韓非曾上書勸秦始皇先伐趙國再討伐韓國的建議，李斯妒忌韓非的才能，進讒言加以陷害，他詆毀說：「因為韓非是韓國的公子，始終該是偏向韓國的，這個是人之常情。現在大王不重用他，時間長了，他一定會回到韓國去，那時候勢必成為我們的大患，不如現在就把他殺掉才是最好的辦法。」秦王嬴政認可了他們的說法，下令將韓非入獄審訊。韓非想向秦王嬴政自陳心跡，卻又不能進見。韓非入獄之後秦王嬴政就後悔了，便下令赦免韓非，但為時已晚。李斯早派人給韓非送去毒藥，韓非已經自殺。韓非當時的許多政治主張，反映了新興封建地主階級的利益，後來秦始皇統一中國後採取的許多政治措施，就是韓非理論的應用和發展。

韓非法家的思想主要表現在以下幾個方面。

重視法律，反對儒家的「禮」。他認為：當時的新興地主階級反對貴族壟斷經濟和政治利益的世襲特權，要求土地私有和按功勞與才幹授予官職，這是很公平、正確的主張。而維護貴族特權的禮制則是落後和不公平的。

法律的作用。第一個作用就是「定分止爭」，也就是明確物的所有權。其中法家思想做了很淺顯的比喻：「一個兔子跑，很多的人去追，但對於集市上的那麼多的兔子，卻看也不看。這不是不想要兔

子。引申意義就是所有權已經確定，不能再爭奪了，否則就是違背法律，要受到制裁。」第二個作用是「興功懼暴」，即鼓勵人們立戰功，而使那些不法之徒感到恐懼。興功的最終目的還是為了富國強兵，取得兼併戰爭的勝利。

「好利惡害」的人性論。法家認為人都有「好利惡害」或者「就利避害」的本性。比如，商人日夜兼程，趕千里路也不覺得遠，是因為利益在前邊吸引他。打漁的人不怕危險，逆流航行，百里之遠也不在意，也是追求打漁的利益。有了這種相同的思想，所以法家得出這樣的結論：「人生有好惡，故民可治也。」

「不法古，不循今」的歷史觀。法家反對保守的復古思想，主張銳意改革。他們認為歷史是向前發展的，一切的法律和制度都要隨歷史的發展而發展，既不能復古倒退，也不能因循守舊。「法」「術」「勢」結合的治國方略，商鞅、慎到、申不害三人分別提倡重法、重勢、重術，各有特點。到了法家思想的集大成者韓非時，提出了將三者緊密結合的思想。「法」是指健全法制；「勢」指的是君主的權勢，要獨掌軍政大權；「術」是指的駕御群臣、掌握政權、推行法令的策略和手段，主要是察覺、防止犯上作亂，維護君主地位。

韓非的著作，是他逝世後後人輯集而成的。《漢書・藝文志》著錄〈韓子〉五十五篇，《隋書・經籍志》著錄二十卷，後人的版本均以二十卷為主。

《韓非子》一書中的文章說理精密，文鋒犀利，議論透闢，推證事理，切中要害。韓非子的文章構思精巧，描寫大膽，語言幽默，於平實中見奇妙，耐人尋味，具有警策世人的藝術效果。韓非子還善於用大量淺顯的寓言故事和豐富的歷史知識作為論證資料，說明抽象的道理，形象化地體現他的法家思想和對社會人生的深刻認識。在他文

章中出現的很多寓言故事，因其內涵豐富，生動形象，成為膾炙人口的成語典故，至今為人們廣泛使用。

▍專家品析 ————

《韓非子》通過許多寓言故事，系統地闡明法、術、勢的法制理論。他的著作總結了古代國君的得失，表達了自己的抱負和主張，他的法家思想集中體現在以下幾個方面：

（一）天不能決定人事吉凶，人定勝天。

（二）人不應該違背自然規律，而要把天當做物類來利用。

（三）國家要富強，要靠耕戰，耕是搞好農業生產，戰是加強戰備。

（四）法治比德治更適合於當時社會，因為社會發展變化了，一切事物也隨之變化，因此具體措施也應改變。

（五）法治講求法術、法令，要人人皆知，堅決執行，是國君駕馭群臣的方法，是國君至高無上的權力和威勢。

▍主張或論著 ————

韓非子根據當時的社會形勢，主張法治，提出重賞、重罰、重農、重戰四個政策。韓非子提倡君權神授，自秦以後，中國歷代封建王朝的治國理念都頗受韓非子學說的影響。

08 逆取順守，文武並用

—— 陸賈．西漢

生平簡介

姓　　名　　陸賈。

出生地　　楚國。

生卒年　　約公元前二四〇至前一七〇年。

身　　份　　思想家、政治家、文學家。

主要成就　　建立漢代新儒學的第一人。

名家推介

　　陸賈（約公元前 240 至前 170），西漢政治家、文學家、思想家。劉邦起兵時，因為他有口才，善於辯論，常派他出使諸侯各國。高祖十一年，奉命出使南越（今兩廣一帶），被劉邦封為南越王。他對於安定國內局勢，溝通南越與中原地區的經濟文化交流起了良好的作用。後升為太中大夫。

　　他建議漢高祖重視儒學，「行仁義，法先聖」，提出「逆取順守，文武並用」的統治方略，總結秦朝滅亡及歷史上國家成敗的經驗教訓，共著文十二篇，每奏一篇，高祖無不稱讚，其書名為《新語》。

▌名家故事 ────────

　　陸賈，口才好得驚人，可以說是蘇秦、張儀再世。在陸賈看來，多年的戰亂給國家和人民造成了嚴重的災難，蕭條凋零，哀鴻遍野，滿目瘡痍，大漢王朝這個建立在廢墟上的帝國，幾乎一無所有。如何恢復重建一個強盛的國家？陸賈思考認為王朝的締造者要從小事做起，那就是「讀書」，讀儒家的經典「詩」、「書」，方能找到長治久安的良策。

　　陸賈跟隨劉邦打天下的時候，就開始思考這個問題並基本上找到了解決問題的方法。等到劉邦做了皇帝後，陸賈就經常在劉邦面前提出要多讀一點《詩》、《書》的重要性。劉邦以為他是認為自己沒讀幾天書，有意賣弄自己的學問。於是對陸賈說：「我是騎在馬上打天下的天子，怎麼會跟《詩》、《書》有關！」陸賈顯然早有準備，立即反駁道：「騎馬打天下，難道就可以在馬上治天下嗎？就拿商湯、周武來說，他們可都是通過戰爭奪取天下，通過安撫百姓守住天下的。文武並用，才是長久之術。」最後陸賈也不客氣了，搶白劉邦說：「歷史上吳王夫差、智伯都是極端使用武力而亡的；秦任刑法多年不變，最後消滅趙國。如果秦統一天下，行仁義，法先聖，陛下怎麼能夠得到並擁有天下呢？」劉邦一下子驚詫得有些無地自容了，連忙對陸賈說：「請為我寫下秦國所以失去天下，我所以得到天下的原因，包括自古以來的成敗之國得失的原因。」陸賈寫就古往今來的存亡歷史，洋洋灑灑共十二篇。每奏一篇，劉邦就驚歎一次，連連誇好，於是把這本書起名為《新語》。這足以說明陸賈的觀點在當時確是新穎獨到，富於創新。他是第一個提出了漢王朝如何長治久安問題的人，最終成為漢初最富有思想的先鋒人物。

　　陸賈主要的政績有四件：一是為劉邦出使南越，勸說南越王趙佗撤去帝號，向劉邦稱臣。因此有功，被封為上大夫。二是勸說劉邦讀《詩》、《書》，使其明白「逆取順守」、「文武並用」的道理。劉邦自執掌天下以來，時時讀書，從書中他借鑒了許多安邦治國的道理。從這個意義上講，陸賈在漢初統治思想的形成和建樹方面有重大作用，其地位也是其它人無法代替的。三是在呂后專權、劉氏天下岌岌可危的時候，他勸說丞相陳平與太尉周勃捐棄前嫌團結一致，從而為日後平定諸呂之亂奠定了基礎。四是為漢文帝再度出使南越，勸南越王趙佗第二次撤去帝號，恢復與漢王朝的臣屬關係。前後十七年間，陸賈兩下南越，為維護國家統一做出貢獻。

　　陸賈一生中，對於漢王朝最重要的貢獻是思想，是他讓漢王朝接受了黃老哲學思想，為西漢開創了七十年的和平發展時期。他奉旨著《新語》十二篇，是漢以來第一個全面總結秦帝國經驗教訓的學術著作，而且為「秦學研究」確定了基調。陸賈認為秦王朝失去天下的原因無外乎一個字「過」。他用放大鏡把秦王朝放在一個宏大的歷史背景下進行宏觀意義上的考察；又用顯微鏡把秦王朝放在始皇帝和秦二世的身上進行解剖，進一步提出了適合西漢王朝良好的治國政治主張。他的這一主張被完全接受，並堅定不移的堅守了七十年，開創了歷史上著名的「文景之治」。

　　陸賈以「道法自然」和「無為而治」的道家思想為出發點，相容儒、法思想，開創了老莊哲學的新局面，也引領了漢代學術界的新風尚。

　　陸賈首先全面改良儒學，使之能夠適應道家思想的基本原則。他找到了儒道兩家都關注「治」的共同點，強調儒家的「德治」與「謹敬無為」的內在聯繫，用儒家的「德治」來完善道家的「無為而治」。

他緊接著改進法學，主要是批評了秦王朝的「法治」太過，方法就是該減的要減，該廢的要廢。減廢秦法成為漢帝國近七十年的主要工作，西漢一代，以秦的失敗為經驗，關心治亂之道的始作俑者當屬陸賈。

陸賈還進一步提出減免賦稅徭役，讓利於民。他告誡劉邦不要圖利，不要貪功，不要爭名，也不要大興土木，不要發動戰爭。要與民休息，不擾民，不加賦，皇帝也要勤儉節約，不要輕易給老百姓加負擔。呂后專權時期，陸賈不得志，只好稱病免官在家，並把出使南越所贈千金分給五個兒子，讓他們當農民。自己一天帶著僕人和酒食，出去遊玩，以此頤養天年。他死後葬在好寺的桃花原邊。一九八一年，其陵成為陝西省第一批文物保護單位。

▌專家品析 ————

正是陸賈這本《新語》的誕生，開創了西漢王朝以來系統總結秦王朝經驗教訓的一代思想先河。陸賈並沒有讓漢高祖劉邦實行儒家的政治理想，相反卻是一套黃老道家的政治主張。他第一個把道家思想上升為一種治國的政治指導思想，並不只是道家思想的簡單翻版，而是用道家的思想原則把法家和儒家思想進行了改造和糅合，使得道家的「無為而治」思想更貼近實際，更具有可操作性。

陸賈不僅是漢代重視儒學的第一人，也是建立漢代新儒學的第一人。陸賈在總結秦所以失天下的基礎上，鮮明地樹立起了尊儒的旗幟，為漢初統治者制定了行仁義而輕刑罰、重義而輕利、任忠賢而遠姦佞的帶有強烈儒學色彩的三大為政原則。

▌主張或論著 ——————

　　強調君主在國家政治、道德生活中必須起到表率作用，並且認為一個國家的興衰取決於這個國家的君主模範帶頭作用。也就是說，在儒家看來，一個國家的命運是與這個國家君主的道德修養水準密切相關。

09 罷黜百家，獨尊儒術

—— 董仲舒・西漢

▌生平簡介

姓　　名	董仲舒。
出 生 地	廣川郡。
生 卒 年	公元前一七九至前一○四年。
身　　份	哲學家、經學家。
主要成就	罷黜百家，獨尊儒術。

▌名家推介

　　董仲舒（公元前 179-前 104），是西漢與時俱進的思想家、儒學家，著名的唯心主義哲學家和經學大師。

　　他把儒家的倫理思想概括為「三綱五常」，漢武帝採納了董仲舒的建議，從此儒學開始成為官方哲學，並延續至今。其教育思想和「大一統」、「天人感應」理論，為後世封建統治者提供了統治的理論基礎。時至今日，仍有學者在研究他的思想體系及其文化，他的著作彙集於《春秋繁露》一書。

▍名家故事 ────

　　董仲舒曾擔任漢景帝博士這個官職，但他沒有像賈誼等人那樣在時機尚不成熟的條件下便公開反對道家黃老之學，而是潛心研究儒道等各家學說，以充分的理論準備，等待著儒學獨尊時代的到來。公元前一四○年，漢景帝駕崩，太子劉徹繼位，是為漢武帝。

　　漢武帝是一位具有雄才大略的皇帝，在漢初七十年積聚起來的雄厚物質實力的基礎上，再也不願像其祖父、父親兩代那樣碌碌無為了，想幹一番轟轟烈烈的事業。

　　漢武帝雖然想用儒家思想治國，但沒有足夠的信心。相反，道家學說作為一種曾經為漢初政治穩定、經濟繁榮作出過重大貢獻的成熟的理論形態又使他無法擺脫其影響，因此漢武帝在思想上產生了許多迷惑。雖然傾向於儒家的有為，但又覺得道家的無為有可取之處。也就是說，漢武帝雖然為了其專制主義中央集權政治的需要而尊儒黜道，但又認為儒家現有的理論學說尚不太完備；漢武帝雖然想衝破傳統道家政治的束縛開創新的局面，但又認為道家黃老之學無論是其思想體系的建構還是具體的政治主張，都有許多比儒家成功、高明的地方。因此，他迫切需要的是一種以儒家思想為中心而又能全面吸收和超越道家思想的長處的全新的儒學思想體系。

　　元光元年，漢武帝詔賢良進行對策。這時，一代大儒董仲舒出場了，劉徹對董仲舒的徵問一共三次，董仲舒連上對策三篇作答。由於對策的首篇專談「天人關係」問題，因此這三問三答以「天人三策」為名而載入史冊。總體而言，董仲舒在對策中提出了五項重大建議：

　　（一）建立明堂禮制，約束貴族行為。

　　（二）建立培養官吏的國家太學，從民間選賢良，為平民知識分

子開闢通仕之途。

（三）提出一套天人學說，用以約束警策皇帝。

（四）限制豪民占田，節制土地兼併。

（五）以儒家經典統一政治思想，建立國家主流意識形態。

董仲舒的對策中對後世影響最為深遠的，一是建議進行意識形態改革，確立以儒家思想作為漢國家的主流意識形態；二是建立一套考試選賢的文官制度。

對董仲舒的對策劉徹極為重視，親自批覽，召見面談。他懂得，一個國家要走向強盛，首要之舉是維護社會的安定和建立牢固的有凝聚力的社會組織。而意識形態是一種重要的社會動員和組織工具。為了保持社會安定團結，必須抑制豪強兼併，也必須構建一套傳承有序的政治意識形態。歷來論者多將董仲舒看做「地主階級思想家」。董仲舒反對豪民兼併土地的思想，代表了當時社會中依附於國家土地的自耕小農的利益。他的建議是，必須抑制豪強與豪商兼併田地。董仲舒的言論適應了鞏固專制皇權的需要，利於維護封建國家的統治，從而受到漢武帝賞識，被任命為江都相。

「罷黜百家，獨尊儒術」在漢武帝時期是一種對統治階級極有利的做法。在百家爭鳴的時期，各有一套理論，都認為自己是對的，都反對別家的觀念，這是在封建時期引起對立與矛盾根源。所以當時只有「罷黜百家，獨尊儒術」才是最有利的唯一做法。

董仲舒在第三次對策中，進一步從理論上論述了「罷黜百家，獨尊儒術」。他說：「《春秋》講大一統，這是千古以來天經地義的事。現在作老師的各執不同的學說，普通人各有各自的見解和言論。百家各有各的要旨，互相參差牴牾。因此使統治者無法完整地統一起來。而且如果總是變更法令制度，臣下民人將不知所守。因此，我認為，

凡是不在禮樂射御書數之內，不屬於孔子學說的言論，要杜絕其興起的根源，不要讓他們與儒家爭道。這樣，邪談怪論便會熄滅，然後天下才會有一致的條例準則和明晰的法令，人們便知所從了。」

從此以後，在學術和仕進上，儒家被定為一尊，統治中國達兩千年之久。獨尊儒術在最初起到了統一思想、統一輿論、穩定國家的作用，但後來卻成為封建專制的重要組成部分，禁錮了中國古代思想的發展，特別是個性思想。

事物都具有兩面性，任何事都有利有弊。這套做法在當時那個時期是正確的，並不代表在所有的時期都是正確的。

明後期的政治黑暗和滿清入關才是導致中華民族文化瀕於滅亡的重要原因。明清皇帝對中國古代文化並不是真正透徹的理解，只看到了表面，卻不解內裏，漢朝到明清時已經過了千年，可明清還沿用千年前漢的政治做法，不懂變通。

▌專家品析 ───────

董仲舒是中國西漢時期著名儒家學者、哲學家、思想家、教育家，被世人尊奉為「董子」、「董二聖」。董仲舒大一統的思想認為，要維護政治統一，必須在思想上統一。他宣揚天是萬物的主宰，皇帝是天的兒子，即天子。皇帝代表天統治臣民，全民都要服從皇帝的統治，諸侯王也要聽命於皇帝。

儒家思想自西漢董仲舒「罷黜百家，獨尊儒術」後，成為思想意識形態的一極，獨霸中國兩千餘年。縱觀中國歷史，儒家思想對中華文明產生了巨大而又深遠的影響。時至今日，它仍然在現實社會中影

響著中國的政治、經濟、文化、教育、生活、法律等各個層面。我們現實中的很多為人處世之道都來自於儒家思想，比如「仁、義、禮、智、信」的道德標準，以及天人合一、仁義、中庸之道等。

▌主張或論著

　　董仲舒的主要思想，集中體現的是五常三綱和天人感應。五常是仁、義、禮、智、信。三綱是君為臣綱，夫為妻綱，父為子綱。從仁到天，再到天的兒子皇帝，這是董仲舒的天人合一。對董仲舒的天人合一，後人一般稱為天人感應。

10 諷譏當世，隱顯其名

—— 王符 · 東漢

生平簡介

姓　　名	王符。
字	節信。
出 生 地	安定臨涇（今甘肅鎮原）。
生 卒 年	公元八十五年至一六三年。
身　　份	思想家、文學家。
主要成就	為後世留下了研究東漢社會的珍貴歷史資料。

名家推介

　　王符（公元 85-163），字節信，漢族，安定臨涇（今甘肅鎮原）人。東漢政論家、文學家、進步思想家。

　　王符一生隱居著書，崇尚節儉，杜絕奢侈，經常評論時政得失，因「以譏當時失得，不欲章顯其名」而被人所褒揚，他將所著書命名為《潛夫論》。王符的著作思想深刻、觀點鮮明、文筆犀利，讀他的作品給人一種暢快淋漓的感覺。

▌名家故事 ─────

范曄《後漢書》有王符傳，但記述簡略，王符出生於與匈奴、羌人鄰近的邊疆地區，假如不是遊學到了東都洛陽，結交全國第一流的經學家、天文曆算學家、文章大家，並受其影響的話，他就不大可能具有寫《潛夫論》這樣一部批判當世的名著的可能。

王符一生全部貫注在他的《潛夫論》裏，這部書不顯於當世，直到《隋書·經籍志》才列入了目錄。

《潛夫論》中，反映了王符的思想是一個複雜的綜合構成，他的主流是孔、孟的儒家思想，摻雜了一些道家和法家思想。就是說先秦思想對他影響極深，如《鹽鐵論》中的「重本抑末」和董仲舒的「天人合一」等。但王符終究是東漢人，面對的現實與西漢的賢良文學以及董仲舒的講法比較起來，又有了不少的變通和發展。

王符的《潛夫論》，集中體現了以下幾點見解和主張：

第一，富民之論。富民思想並不是王符所獨創，但王符「以富民為本」的思想，卻有著獨到之處。王符運用天人和一的思想，提出以人為主，人要以民為主，政要以富民為本，只有民心安樂，才順天心，才萬事大吉；否則相反。

第二，求賢之論。東漢選士用人，大多注意世族，而忽視沒有背景的清貧之人。很多人欺世盜名，營私舞弊。仕途一旦出現混亂局面，基本上都是任用外戚、宦官，而排擠正直賢能之人。官場往往魚目混珠，清濁混流，甚至姦佞得勢，賢能貶黜或禁錮，王符對此非常不滿。當時選士，「名實不相副，求貢不相稱」的情況相當嚴重。王符對於外戚、宦官竊權欺侮賢能之士特別氣憤。如何招賢得到重用，王符提出首先還是「禮賢下士」的老辦法。不按出身貴賤、官位高

低，要看他的品質德行，以「恕」、「平」、「恭」、「守」四者為標準去衡量，即認為品行端正、敬賢尊長、守信仗義、表裏一致的人，才是真正的賢者，才可選用。

第三，邊疆防護。羌族動亂是東漢民族矛盾的一個重要方面，危害不淺，影響很大。在當時東漢皇朝處理羌亂有很多錯誤，針對這個現象王符於東漢安帝初年羌亂發生不久，陸續寫下了〈勸將〉、〈救邊〉、〈邊議〉、〈實邊〉等篇文字，對羌亂問題發表議論，主張積極重視邊防的政策，強調邊疆守土不可放棄，要讓百姓在邊地從事生產，才可能出現安寧的局面。同時，他還主張，對於「耕邊入谷」的人，應當拜爵賜祿，以獎勵駐守邊疆有貢獻之人。

第四，抵制迷信。東漢時期，神學迷信行為，思想盛行，但同時，無神論思想也有很大發展，王符繼承和發展了後者，對於卜筮、占夢、相術，始終持不輕信或反對的態度。他警告人們不要被迷信思想所蠱惑。他認為，人的吉凶禍福，是由人的客觀條件和主觀行為所決定的。他因不迷信鬼神，也就對厚葬不感興趣，甚至批判「生不孝養，死後崇喪」的壞風氣。他指出，一些富貴豪家大辦喪事，這種浮侈的風氣，於國於民都極為不利。

第五，重視教育。王符非常重視「正學」（即教育）問題，強調以「正學」作為一項基本的國策。在〈務本〉篇裏，他把正學與富民作為治道的兩大問題。顯然，他是把正學作為一項基本的國策，認為只有重視和辦好教育，民眾才能走上正道，國家才能興旺發達。就是說，人在天地間之所以可貴，就在於有道德知識，而智義的獲得和修養，就在於求學問、受教育。人不是生而知之者，要靠學習才能增長知識和才幹。我國有重視教育的傳統，一些先聖先哲都不是生而知之者，而是從師求學才使自己成長起來的，因此他強調所有的人都要求

學受教。

王符的政論與社會史論的內容較為豐富，這裏僅略述一二，其它從略。他的思想，自然有歷史局限性，或近乎淺顯，但論述明確，對於後世具有進步的意義和重大的歷史意義。

王符在家鄉的遺跡、傳說甚多，歷代十分推崇，在文廟建有專祠奉祀。縣城北山是王符隱居的地方，為紀念王符，這座山取名潛夫山，現在成為潛夫山公園。新落成的王符紀念館，雄偉莊嚴，碑廊亮麗，壁畫新穎，廣場中央王符雕像巍然屹立，肅穆沉思，一副憂國憂民的偉大形象。

▌專家品析 ─────

王符不僅思想深邃，還繼承了漢代文學的優良傳統，有著高深精湛的文學修養。因為他生活在民間，對人民懷有深厚的感情，對社會生活有著深刻的觀察和體驗，見聞廣博，觀察敏銳，有豐富的生活創作源泉。王符不愧為我國歷史上進步的政論家和思想家，他的著作是我們了解和研究東漢社會的珍貴的歷史資料。

在王符著文論政並抨擊社會不良風氣的舉動下，後世出現了不少政論家。到了魏晉，其在統治方面雖然依舊很糟，但文化界的風氣打開了，思想比以前解放了一些，人們可以縱談古今了，這個風氣的打開，要歸功於東漢王符的啟迪作用。

▌主張或論著 ────────

　　王符的《潛夫論》，分題論述封建國家的用人、行政、邊防等內外統治策略和時政弊端，以及批評當時迷信卜巫、交際勢利等社會不良風氣，對後世影響深遠。

11 指切時要，言辯確鑿

—— 崔寔・東漢

生平簡介

姓　　名　崔。

字　　　　子真。

出 生 地　涿郡安平（今河北安平）。

生 卒 年　約公元一〇三至約一七〇年。

身　　份　政論家。

主要成就　撰《政論》以及重視農業生
　　　　　產和關心人民的生活。

名家推介

崔寔（約公元 103-約 170），字子真，又名臺，字元始，涿郡安平（今河北安平）人。

他是東漢後期政論家，曾任五原太守等職，並參與撰述史書《東觀漢記》。他敢於抨擊當時的黑暗政治，主張革新，提出國家制度要根據形勢的變化而改變，絕對不可以急功近利。

他著有《政論》五卷。全書已散佚，部分內容載於《後漢書崔寔傳》和《群書治要》中。另著有《四民月令》，已佚，部分內容保存於《齊民要術》一書中。

名家故事

漢桓帝初年，崔寔經楊傅、何豹推薦，官拜為議郎，後來接著升遷為大將軍梁冀的司馬，此後又任五原太守。五原郡地處西北，天氣寒冷，土地貧瘠，百姓生活十分艱難，崔寔到任後，撥出一些錢，支持和教導百姓種麻、紡棉，使百姓有衣可穿，生活得到極大改善。這時西北地方連年發生民族糾紛和矛盾，崔寔訓練兵馬，採取積極防禦的措施，於是地方上得以安定。

後來，崔寔因病被召還回京，拜為議郎，與儒生和博士共同修訂《五經》。桓帝延熹二年，大將軍梁冀因罪被殺，崔寔因為此事受到牽連而被罷免了官職。

這時，由於鮮卑族多次侵犯邊境，崔寔經司空黃瓊推薦，出任遼東太守。恰逢母親病故，請求送母親靈柩回鄉。服喪後，被皇帝召見並官拜尚書。他見世道混亂，因此稱病不就職。

崔寔一生清貧。其父去世時，變賣田宅，為起墳墓，立碑頌，因此並無資產。他做官十分清廉，病死時，可以說是家徒四壁，崔寔於建寧年間病卒。所著碑、論、箴、銘、答、七言、祠文、表、記、書共十五篇，另有《四民月令》留存部分內容。

崔寔身經亂世，置身官場，對於世道官風有很深的體會和認識。他指出當時有「三患」：一是奢侈之患。手工業者製造奢侈品，商賈販賣，百姓被誘惑而購買，於是奢侈成風。二是上下匱乏腐敗之患。奢侈風氣，使百姓變得不務正業，為此耽誤了糧食生產，奸盜增多，國庫出現了大量的虧空。三是犯法者眾多。富豪者養生送死，大講排場，極為鋪張。

他反對赦免，特別是東漢後期，統治者頻繁頒佈大赦令，赦免罪

犯，以緩和階級矛盾。崔寔對此做法極為反對，認為頻繁赦免罪犯，不僅不能制止犯罪，反而使人對刑法不重視，更會導致犯罪現象不斷。所以他主張不輕易頒佈赦令，最好相隔十年以上，才大赦一次。

崔寔認為，產生「三患」的原因，首先是君主昏暗不明。昏君表現不一，難免發生患難和危亂。其次是官風不正。他對此有些揭露，指出：百姓上訴，官方根本不予理睬；百姓見官因懼怕而逃走，如果被捕強迫勞動，勢必造成百姓不會好好勞動。官吏聚斂錢財所造成的惡果就是百姓紛紛造反。而製造業有些負責監管製造兵革的官吏，偷工減料，監守自盜，從中大撈一把，致使產品品質低劣，不堪使用。這樣一來，國家不僅遭受財力人力的耗損，而且軍事能力遭到極大地削弱。

他還指出，大小官吏都不想恪盡職守，只想抬高自己、打擊別人，以致壞官不臭，良吏被害。而君主又不了解下情，用人不當，所以造成兇殘者更為毒辣，仁賢者也受其影響而變壞，造成世風日下的局面。崔寔認為，面對政壇壞風氣，必須改革。首先，要總結西漢為政得失，不必效法遠古。其次，要注意取士用人。此外，崔寔還提出，要想改變現實，首先施以重刑。崔寔還論及民不可輕，提出凝聚民心的策略。他讚揚漢宣帝採取嚴刑峻法，使社會安定；批評漢元帝奉行儒術，多行寬政的慈悲做法。

東漢政治經濟陷入衰亡階段，地主階級經戰國、秦和西漢，發展到東漢，出現世家地主，除擁有田園、苑囿，莊園內聚族而居，宗族首腦、長者稱為「家長」，是莊園內統治的核心。他寫的《四民月令》，所論述的正是東漢晚期一個擁有相當數量田產的世族地主莊園，一年十二個月的家庭事務的計劃安排。

《四民月令》的〈政論〉是他出任遼東太守後完成，具體的內容

有提倡節儉，禁止奢侈，反對貪污壓榨，主張地方官要久任，提高官吏待遇，加強廉政建設，實行遷徙民眾充實邊疆來調整人口與耕地的比例等。

當世人對崔寔的〈政論〉的評語是「指切時要，言辯而確」。從以上崔寔一生的言行來看，他甘守清貧，比較重視農業生產和關心人民的生活，在當時的世家地主和官員中是不多見的。

▌專家品析 ────

崔寔敢於抨擊當時的黑暗政治，主張革新，提出國家制度要根據形勢的變化而改變，這個在當時是具有極其積極的意義。

他的《四民月令》和《氾勝之書》主要靠《齊民要術》等書的引用而得以保存部分材料。全書原面貌如何，現在無從得知。自東漢晚期，經過三國、兩晉、南北朝、隋到唐初，一直流傳。為此，崔寔被稱為中國古代科學家也不為過。

▌主張或論著 ────

崔寔撰〈政論〉：「指切時要，言辯而確，當世稱之。」崔寔的思想學說，既講嚴，又講寬；既講刑罰，又講重賞、厚祿，富有辯證法思維。他揭露時弊，對症下藥，很有實事求是的味道。

12 哲學政論，自成一家

—— 仲長統·東漢

生平簡介

姓　　名　仲長統。

字　　　　公理。

出 生 地　山陽郡高平（今山東省微山
縣兩城鎮）。

生 卒 年　公元一七九至二二〇年。

身　　份　哲學家、政論家。

主要成就　否定宗教神學的統治地位。

名家推介

　　仲長統（公元 179-220），字公理，山陽郡高平（今山東省微山縣
兩城鎮）人。東漢末年哲學家、政論家。

　　仲長統從小聰穎好學，博覽群書，文辭優秀。二十餘歲，便遊學
青、徐、并、冀州之間。他才華過人，性格豪爽、灑脫，不拘小節，
敢大膽直言，當時人稱他為狂生。

　　州郡召他為官，他稱病不做。到漢獻帝時，尚書令荀彧聞聽他的
名聲，舉薦他為尚書郎。之後，仲長統曾參與丞相曹操的軍事，但沒
有得到曹操的重用，不久便又回到尚書郎的位置。仲長統的思想和才

華集中表現在《昌言》一書之中。

▎名家故事

公元一八〇至一九九年，正值漢末亂世。在大動亂的背景下成長起來的仲長統，於二十歲時開始遊學於青、徐、并、冀四地，即今山東、安徽、江蘇、河南、河北、遼寧一帶，這是當時戰亂最頻繁地區。年輕的他行走其間，目睹民生凋零、戰火紛飛的局面，內心十分焦慮。公元一九九年，他遊歷到上黨認識了常林，常林在當時以節操著稱，曾經做過漢朝的尚書，封侯，官至大司農，但因官場不如意，避世於此地近十年了。常林比仲長統年長，因此對仲長統的影響特別大。

當時的并州刺史高於是袁紹的外甥，可以說是出身名門，旗下有不少遊士。仲長統去拜訪他，很受敬重。高於以當世事務向他請教，他指出了高於的毛病在於「有雄志而無雄才，好士而不能擇人」，提醒他應深以為戒。高於十分自負，聽不進仲長統的逆耳之言。仲長統見言辭沒有效果，辭別而去。不久，高於舉兵叛亂，被滅族。

仲長統不拘小節，很有政治見解，但不願做官，被人們稱作「狂生」。每當地方官想推舉他出仕，他總是以有病為由加以拒絕。後來他的才智得到尚書令荀彧的賞識，被推薦任尚書郎。

漢獻帝被逼退位之年，他與世長辭，年僅四十一歲。仲長統著《昌言》一書，共三十四篇。

在《昌言》一書中，仲長統十分重視研究社會歷史經驗和現實的社會生活，注重「人事」的作用，否定「天命」、「上天」對社會歷

史的主宰作用。他提出「人事為本，天道為末」的論點，反對將自然現象與人間吉凶牽強附會起來。

對於社會危機的根源，仲長統也提出了自己的見解。他認為，社會統治與被統治地位的形成和劃分併不是永恆不變的，而是變化發展的，主要原因在於統治者的享樂腐化，以及對人民的剝削和壓迫。仲長統把社會歷史的發展概括為「亂世」—「治世」—「亂世」，他用春秋至漢末近五百年的歷史發展來證明自己的觀點，同時，還用社會的原因來分析「治」與「亂」的原因，而不是用超社會、超自然的「天命」來解釋。

在社會歷史觀方面，仲長統認為，政治上採取什麼措施，用不著求「天」問「神」，只要考察現實社會的實際經驗，從中找到「損益」的答案即可。他主張治理社會的一切措施，凡對時代有利，對現實生活有效，就說明它有採用和存在的價值，就必須堅持，相反的就應當放棄和反對；過去行之有效的，而現在已經失去作用的，就必須改變；如果已經改變但還不如從前的，就應當恢復原狀。這種以現實的實際效果決定政策取捨的觀點，對打破神學迷信的支配產生了積極影響。他直接批判了兩漢時期宗教神學的喧鬧，他的思想在中國哲學史上有著特殊的歷史地位，是一位偉大哲學家和進步的思想家。

仲長統在政治思想方面，與當時流行的神權政治理論相對立，提出國家興亡和社會治亂取決於「人事」，而不在於「天道」，主張廢除三公（太尉、司徒、司空）聯合執政體制，恢復西漢時實行的丞相執政制度，他對於外戚擅權尤加譴責，提出國君不可與掌權的大臣結為婚姻關係，已經結為婚姻關係者，就不要任用他掌權執政。

仲長統在法制問題上有以下主要觀點：

（一）因時勢決定法律，繁簡寬猛相濟。他雖然持儒家「德主刑

輔」觀點，強調德教，但並不反對使用重刑。主張迫不得
已時使用重刑，其它不可。另外，他還認為法律的繁簡、
輕重應當根據形勢的需要而變化。

（二）「治」、「亂」在於執法者。他認為，國家「治」、「亂」，
不在於「法制」的不同，而在於統治者執行「法制」的好
壞。

（三）恢復肉刑有利於懲罰「中罪」。西漢文帝十三年，下詔廢
肉刑，此後，時常有人提出恢復肉刑，東漢末期甚至開展
爭論。仲長統也主張恢復肉刑。他認為在死刑和髡、笞刑
之間增設肉刑，有利於懲罰「中罪」。因為對「中罪」，殺
他則太重，髡他則太輕，如果沒有與「中罪」相適應的肉
刑，必然造成執法上的混亂。

上古人民大體平等的社會結構解體以後，貧富有差距已是不可逆
轉的趨勢。仲長統雖未開出什麼好藥方，但他能對這種現象有所認識
就很可貴。

最後，仲長統提出了養生價值觀，這對於思考宏觀養生與個體養
生，恰恰是已存在的事實，不能不加以正視。仲長統形象地提出自己
的人生理想，一種隱居避世、養性保壽的養生術。既無勞苦又無干擾
的閒適生涯，只能是個幻想，很難成為現實，所以，這種養生術並無
推廣意義，但此論所提出的以養性為養生的見解，正是傳統道家養生
觀的核心。

▌專家品析 ─────

　　仲長統對東漢末年社會政治的批判，是廣泛而深刻的，涉及政治、經濟以及社會習俗等各個方面。從專權擅政的外戚、宦官，到貪欲昏聵的皇帝，他都予以抨擊。他把社會禍亂的根源歸於「愚主」，就是昏君，希望明君賢臣改革弊政，反映了中小地主階級在政治、經濟方面的要求。

　　仲長統的思想中雖有唯心主義的糟粕，但唯物主義思想和進步主張卻是他一生思想的基礎。他以「人事為本、天道為末」的唯物主義武器，批判了兩漢時期宗教神學的喧鬧，他的思想在中國哲學史上有著特殊的歷史地位，是一位偉大哲學家和進步思想家。

▌主張或論著 ─────

　　在《昌言》中，仲長統十分重視研究社會歷史經驗和現實的社會生活，注重「人事」的作用，否定「天命」及「上帝」對社會歷史的主宰作用。他認為創業者奪天下，建立霸業是由「人事」所致。同樣，王朝由盛而衰，毀業亡國，也是由「人事」所為。從根本上否定了宗教「天命」決定社會興衰的觀點，從而否定了宗教神學的統治地位，這在兩漢歷史上，是「破天荒的卓見」。

13 竹林七賢，精神領袖
—— 嵇康・西晉

▌生平簡介

姓　　名　嵇康。

字　　　　叔夜。

出 生 地　譙國縣（今安徽宿州境內）。

生 卒 年　公元二二四至二六二年。

身　　份　思想家、音樂家。

主要成就　創建養生論，著有〈廣陵
　　　　　散〉、〈養生論〉。

▌名家推介

　　嵇康（公元 224-263），「竹林七賢」之一，字叔夜，譙國銍縣（現安徽宿州境內）人。三國時魏國著名的文學家、思想家、音樂家，是魏晉玄學的代表人物之一。

　　在魏晉文藝界和思想界，嵇康都是一位極有魅力的人物，他的人格和文化影響是巨大而深遠的。嵇康還是著名的琴藝家和哲學家。他精通音律，「廣陵散絕」體現的是嵇康作為一個偉大音樂家的悲劇。

▌名家故事 ─────

　　嵇康不喜歡做官，平時以打鐵為樂。大將軍司馬昭曾想聘他為官，嵇康堅守志向不願出仕，離家躲避到河東。司隸校尉鍾會想結交嵇康，於是乘車帶著眾人來看他。而嵇康和向秀正在樹蔭下鍛鐵，對他們的到來一點也不理睬。鍾會很是無奈，準備離開時，嵇康開口問：「何所聞而來？何所見而去？」鍾會回答：「聞所聞而來，見所見而去。」從此二人結下仇隙。

　　景元二年，同為竹林七賢的山濤由大將軍從事中郎遷任吏部侍郎，舉薦嵇康頂替自己的位置。嵇康拒絕了這個差事，並因此寫下了著名的〈與山巨源絕交書〉，以此來表明自己不當官的心志。

　　嵇康原本與東平呂巽、呂安兄弟關係很好。呂安的妻子被其兄呂巽姦污，準備休妻並起訴呂巽。呂巽請嵇康從中勸解，並發誓不會惡人先告狀，於是嵇康勸說了呂安，這件事平息下來。不久，呂巽害怕呂安反悔，搶先告呂安不孝。嵇康很不是滋味，就寫信與呂巽絕交，並出面為呂安作證，也因此被收押。

　　嵇康入獄後，立刻激起輿論的不滿，許多豪傑紛紛要求與嵇康一同入獄，被官府遣散，最終嵇康和呂安還是被判了死刑。行刑當日，三千名學子集體請願，請求赦免嵇康，並要求讓嵇康來太學做老師，遭到司馬昭拒絕。

　　臨刑前，嵇康神色不變，如同平常。他抬頭看了看日影，離行刑尚有一段時間，便向兄長要來平時善用的琴，在刑場上撫了一曲〈廣陵散〉。曲畢，嵇康把琴放下，歎息道：「當初袁孝尼曾想從我這裏學〈廣陵散〉，可惜我沒有教他呀，至此，〈廣陵散〉將絕於後世了！」公元二六二年嵇康被殺，時年三十九歲。

　　嵇康空靈的琴聲，展現出他一生高深莫測的人生境界。幽靜的竹林裏，一曲悠揚的琴音，使山中草木生長，鳥獸繁衍，讓水滋潤萬物生靈。美妙的琴曲陶冶性情，酣暢淋漓地表達了音樂家的生命意義與對人生的追求。琴聲中，我們可以細細地解讀這個高尚清逸的魏晉名士的風華，可以了解歷史背後究竟隱藏了多少不為人知的故事，可以仔細體會當美麗走向毀滅時那種無奈與悲涼，可以揭示出那些隱秘的生命內核，可以感悟嵇康的生命意識，可以體悟到蘊涵著他空靈玄遠的詩化人生境界。

　　嵇康繼承了老莊的養生思想，並在實踐中頗有心得，他的〈養生論〉是中國養生學史上第一篇較全面、較系統的養生專論。後世養生大家如陶弘景、孫思邈等對他的養生思想都有借鑒。《嵇康集》十卷書中，篇篇含養生之理，提出了一系列的養生之法。

　　魏晉之時，養生之學大興，當時社會上有兩種相對立的思想：一是認為修道可成仙，長生不老；二是認為「生死全由天，半分不由人」。嵇康針對這種現象，指出神仙是不存在的，並提出了自己獨到的看法。

　　在他的重要著作〈養生論〉中，精闢地闡述了以下幾個問題：

（一）形神兼養，重在養神。他用實例說明精神對人體的強大作用，而中醫學也認為人以神為根本，神滅則形滅。嵇康在此抓住了養生的根本。

（二）養生要重一功元益，慎一過之害，全面進行。嵇康認為萬物稟天地而生，後天給予的養護不同，壽命也不盡相同，勿以益小而不為，勿以過小而為之，防微杜漸，提早預防，積極爭取長壽。

（三）若不注重養生，喜好聲色，沉溺滋味，七情太過，則易夭

折。

（四）嵇康還告誡養生者要有信心，堅持不懈，否則就不易有效。要以善養生者為榜樣，積極吸取好的養生方法，清心寡欲，守一抱真。

可見，嵇康在養生問題上研究頗深。他也能身體力行，但卻犯了「營內而忘外」一忌，最終受人誣陷而遇害，令人惋惜。

嵇康的文學創作，主要是詩歌和散文。他的詩今存五十餘首，以四言律詩為多，占一半以上。嵇康著作，《隋書·經籍志》著錄有集十三卷，僅存十卷本。明代卷數與宋本同，但篇數減少。明本常見的有汪士賢刻的《嵇中散集》，張溥刻的《嵇中散集》等。一九二四年，魯迅輯校《嵇康集》，一九八三年收入《魯迅全集》第九卷中。戴明揚校注的《嵇康集》一九六二年由人民文學出版社出版，此書除校、注外，還收集了有關嵇康的事蹟、評論材料等。

▌專家品析 ───────

作為魏晉文壇代表之一的嵇康，其作品深刻表現了魏晉士人人性的覺醒以及對自由的渴望和不懈追求。他無法實現自己的願望，古琴也只能寄託他苦悶的心懷。隱居竹林時，嵇康的音樂造詣已達到登峰造極之境。他創作的〈長清〉、〈短清〉、〈長側〉、〈短側〉四首琴曲，被稱為「嵇氏四弄」，與蔡邕創作的「蔡氏五弄」合稱「九弄」，是中國古代一組著名琴曲。嵇康琴曲的題材大多來源於自然景物，在手弄琴弦的過程中，呈現出他自然平和的人生觀。

▎主張或論著 ————

以「養生」為題的論文，最早要算嵇康的〈養生論〉了。嵇康研究了養生學理論，探索出了長壽的奧秘，並提出了「元氣」等問題。他認為生命的物質基礎是元氣，萬物是稟受元氣而產生的。這個元氣說，後來被醫家吸收，明確提出元氣是生命之本。認為元氣藏於腎，腎的元氣強，身體就強，壽命就長；腎的元氣弱，身體就弱，壽命就短。所以有醫家提出元氣存則人存，元氣亡則人亡的說法。

14 陳說治國，切中時弊
—— 傅玄・西晉

▌生平簡介

姓　　名　傅玄。

字　　　　休奕。

出 生 地　北地郡泥陽（今陝西耀縣東南）。

生 卒 年　公元二一七至二七八年。

身　　份　思想家、歷史學家。

主要成就　撰書評論諸家學說及歷史故事。

▌名家推介

　　傅玄（公元 217-278），字休奕，泥陽（今陝西耀縣東南）人，西晉初年文學家、思想家。

　　西晉時期歷任御史中丞、太僕、司隸校尉。為官清正，不畏權貴。為御史中丞時，曾上疏倡議改屯田二八分制，恢復曹魏舊制，緩和民間濟困。傅玄博學能文，曾參加撰寫《魏書》，又著《傅子》數十萬言，評論諸家學說及歷史故事。傅玄以樂府詩體見長，今存詩六十餘首，多為樂府詩。

▌名家故事 ───────

傅玄是個孤兒，家境貧寒，自幼勤奮好學。被州官推舉為秀才，任職郎中。由於出身世家，憑藉聰穎的資質，發奮苦讀，經、史、子、集無所不覽。他寫的文章樸實而含蓄，在當時小有名氣。因為他學識淵博，善於寫文章，被挑選參與《魏書》的撰寫，從此步入學術理論研究，名聲大噪。正始六年，升為著作郎，與阮籍等名士參與編撰《魏書》。後又升任弘農太守，初步顯示了自己的政治才華。

曹魏末年，司馬氏掌權，傅玄很受器重，被封為鶉觚男，並擔任散騎常侍，開始置身高層政治集團。晉王司馬炎對他十分信任，頻頻遷升他的爵職，官至司隸校尉。傅玄在曹魏、西晉任職期間，敢於直諫，經常上書表達自己的見解和主張，而且每次都有過人之處，對當時的弊政多有匡正。

不久傅玄便向晉武帝提出有名的「五條政見」，針對當時水旱災的情況，表達了他重農愛民的政治主張及反對「天命」的唯物觀點，晉武帝十分贊許地說：「所陳五事，言農事得失及水官興廢，雙安邊御胡政事猛寬之宜，申省周備，一二具之，此誠為國大本，當信急務也」，下令按「五事」辦理，並於泰始五年加封傅玄為太僕。

傅玄在哲學上有唯物主義傾向，認為自然界的萬物都有其規律，是按照自身的規律運動的。他認為，人的性情也像水一樣，放在圓的地方就圓，放在方的地方就方。他指出，百姓富裕了，國家就安定，並且尊敬長官，聽從教化；百姓窮困了，就不安定，聚集起來反抗官府；一家人豐衣足食，兒子就孝順；天下人豐衣足食，不用強迫命令，人們就講仁義。他還提出「政在去私」的主張，認為不去私，就不能公道；不公道，賞罰就不得當；賞罰不得當，百姓就不會服從。

去私就是為了立公道，只有公，然後可以正天下。傅玄的這些主張，在當時統治集團不關心民間疾苦、賞罰不明、營私舞弊的情況下，是有極大進步意義的。

傅玄針對當時西晉門閥世族的專權和官府作風腐敗的現實，提出了整頓吏治的主張。他認為做官應當公正無私，正是基於這種思想，傅玄一生推薦過不少賢才。如曹魏時期很有才學的科學家馬鈞，朝廷對他使用不當。他因愛才心切，他一方面寫了一篇〈馬先生傳〉，記述和慨歎馬鈞的遭遇，從輿論上加以呼籲；另一方面親自到曹魏的當權人物面前推薦馬鈞。傅玄這種不拘門第、選賢任能的言行，對當時以家世為標準選才的「九品中正制」，無疑是很大的衝擊。

傅玄一生以儉樸自樂。他曾說，安貧就是福，富貴為禍根。金玉雖滿堂，在我看來像蒿草。他極力反對朝廷及官吏的驕奢之風，提倡儉樸。在驕奢淫逸風行的西晉，傅玄的主張無疑是有現實意義的。

傅玄還十分重視農業，提出重視農業是治國的重要原則。還強調水利對農業的重要，必須注意發展水利。這種注重農業，發展水利的主張，是有利於生產發展和社會進步的。

魏晉之際，玄學盛行，士族子弟崇尚清淡，多以《老子》、《莊子》、《周易》為立言之本，傅玄對這種於世無補的空談之風頗為反感，特別注意從人們的實際生活和生產經驗中總結自己的哲學思想。作為一個樸素唯物主義者，他從自然界本身出發去說明自然界的運動、變化和發展，豐富和發展了漢以來的自然宇宙生成說，貫徹了無神論的精神，為我國古代哲學思想史增添了光彩。

傅玄不僅是著名的哲學家，也是西晉知名詩人和書法家。傅玄博學能文，除了參加撰寫《魏書》外，又著有《傅子》數十萬言，評論諸家學說及歷史故事。他一生還寫了大量文學作品，主要以樂府詩見

長，今存詩六十餘首。他的詩深刻反映了當時社會的現實問題，體現
了對下層勞動人民特別是婦女的強烈同情，表達了對現實的不滿。他
善於通過人物的言行表現人物性格，語言樸素而清新，形式靈活，具
有浪漫主義的藝術色彩。傅玄樂府詩賦創作的代表作品有〈秋胡
行〉、〈豫章行‧苦相〉、〈惟漢行〉等。

後人對傅玄在魏晉思想史和文學史上的地位給予了充分肯定。唐
代房玄齡撰寫《晉書》時首推《傅玄傳》，清代嚴可均《全晉文》收
有《傅玄集》，侯外廬先生的《中國思想史》和游國恩先生的《中國
文學史》均對傅玄成就予以特別關注和評論。

傅玄一生喜愛讀書、寫書，著述也很多，撰寫評論的故事，共四
部、六錄，一百四十卷，數十萬言。與文集百卷合為一書，起名《傅
子》，刊行於世。文辭之美，深為世人所贊。《傅子》一書足可以與
《楊子》、《墨子》、《孫子》、《孟子》齊名。公元二七九年，傅玄卒
於家中，時年六十二歲，諡號「剛」，追封「清泉侯」。

▌專家品析 ————

傅玄一生中最重要的成就是提出了「五條政見」，針對當時水旱
災的情況，表達了他重農愛民的政治主張及反對「天命」的唯物觀
點，晉武帝十分贊許地說：「所陳五事，言農事得失及水官興廢，雙
安邊御胡政事猛寬之宜，申省周備，一二具之，此誠為國大本，當信
急務也」。

傅玄一生，喜愛讀書、寫書。雖然顯貴，而著述不廢，撰論經國
九流及三史故事，共四部、六錄，一百四十卷，數十萬言。與文集百
卷合為一書，起名《傅子》，刊行於世。

▎主張或論著 ————————

傅玄著有《傅子》一百四十卷，已散佚，今有輯本四卷。傅玄基本上繼承了漢代董仲舒的儒家治國思想，認為「天地成歲也，先春而後秋；人君之治也，先禮而後刑」。他強調治國在於「貴在施教」。

15 人生短暫，學術卓越

—— 王弼．西晉

生平簡介

姓　　名　王弼。

字　　　　輔嗣。

出 生 地　山陽郡（今河南省焦作市山
　　　　　陽區）。

生 卒 年　公元二二六至二四九年。

身　　份　思想家。

主要成就　玄學理論的奠基人。

名家推介

　　王弼（公元 226-249），魏晉玄學理論的奠基人，字輔嗣，山陽郡（今河南省焦作市山陽區）人。

　　王弼人生短暫，但學術成就卓著。他著有《周易注》、《周易略例》、《老子注》、《老子指略》、《論語釋疑》等數種論著。其成就不在於著述數量，而在於品質和創見。他注釋《周易》時一改漢代支離煩瑣的傳統方法，不用象數，而用《老子》，以老子思想解《易》，並闡述自己的哲學觀點，在學術上開一代新風——「正始玄風」。王弼的易學觀體系龐大，內容深奧。

▌名家故事 ────

　　王弼綜合儒道，借用、吸收了老莊思想，建立了體系完備、抽象思辯的玄學哲學，他對易學玄學化的批判性研究，盡掃先秦、兩漢易學研究的腐迂學風，其本體論和認識論中所提出的新觀點、新見解對中國文化思想史的發展具有深遠的影響。

　　在儒學方面，王弼注《易》具有重要的地位和影響，他和鄭玄一樣，也以費氏《易》為底本，因此是古文《易》學的支流和東漢古文經學演變的新形態。王弼《易》注的貢獻，首先在於拋棄了費氏的經說，把象數之學變為思辨哲學，這是《易》學研究史上的一次飛躍。

　　其次，王弼站在玄學家的立場上，把《易》學玄學化。玄學家的根本思想是「以無為本」。王弼以言簡意賅的論證代替前人的煩瑣注釋，以抽象思維和義理分析，在經學上開創了一代新風。

　　雖然他像流星一樣匆匆閃過，只生活了二十三個春秋，卻以其不可思議的天才智慧之光，照亮了整個時代，指明了魏晉玄學的理論航向。

　　王弼的哲學思想集中體現在以下幾個方面：

　　（一）以無為本的宇宙觀和本體論。王弼「以無為本」思想的基本意義有兩個方面。一是宇宙觀意義：「無」是宇宙萬物賴以變化和形成的根本；二是社會政治意義，「無」是社會政治生活的支配力量和決定因素，人類社會的一切事功業績皆靠「無」得以完成，一切個人皆以「無」得以安身立命。王弼以無為本的哲學思想主要來源於「老莊」。王弼奉《老子》、《莊子》、《周易》為「三玄」，又綜合儒道兩家思想，用名辨析理的方法和許多抽象議題論辯，反覆

論證「無」和「有」的關係，論證自然和諧是「以無為本」的道理，從而創建了他的玄學理論體系。

王弼的宇宙生成論是從老子的「道」脫胎而來的，沒有完全脫離「道」的影響。他認為「道」這個「混成」物，是先於天地而存在的，天地萬物是由「道」生成的。這裏好像把「道」和「無」等同了。其實不然，王弼還是把「無」放在「道」前面的。他以「無」作為本體，存在於天地萬物之中，是天地萬物之體、之本，而天地萬物是「用」是「末」。萬物雖然貴重，但卻離不開「無」這個根本而產生作用。離開了「無」，萬物便沒有自身獨立的實體。有了「無」這個客觀事物的本質，萬物才產生作用。

（二）方法論和政治哲學。在方法論方面，王弼對老子的辯證法思想有所繼承和改造，善於運用對立的概念和辨名析理的方法闡述問題。他對有與無、動與靜、一與多等對立統一概念的運用及其關係的闡釋非常到位。

王弼為了論證「以君御民」的政治主張，便用一多關係論證「以寡治眾」、「執一統眾」的必然性。王弼論證宇宙間的一多關係，目的是為了引出社會人事的「以寡治眾」、「以君御民」的道理。王弼在這裏雖然顛倒了動靜關係，把靜說成是本，是絕對的；把動說成是末，是相對的，但是他卻因此引申出了「以靜制動」、「以靜治國」、「無為而治」的政治主張。王弼認為天地萬物「以無為本」，是自然無為的，治理社會也應順應自然，無為而治。

（三）認識論。王弼認為，事物的本體是可以認識的，聖人的治世之道也是可以認識的。宇宙的本體是無形無名的「無」；

聖人治世之道是「體無」的結果，故不偏不執自然無為。
「無」或「道」雖不可看到，不可名狀，但它在萬有之中，
以無形無為而承載萬物。在政治上，「聖人體無」，以無為
君，崇本息末，就是對自然規律（道）的具體認識和運用。
王弼的認識邏輯是，世界的本體「無」也是可以認識的。
因為「聖人的意」是「無」在社會方面的體現，也就是自
然無為的治世之道。王弼的認識論是可知論。只是他認識
的對象，宇宙本體是虛構的，因此，不可能對客觀世界有
完全的正確認識。

王弼的「玄學」，是借《老子注》、《周易注》與《論語釋疑》建
立起來的，是魏晉南北朝玄學哲學的代表，他的「以無為本」，作為
哲學的最高範疇，取代了老子哲學的「道」，使我國古代哲學的發
展，名副其實地進入了理性發展的歷史階段。現在學術界對王弼玄學
的評價，都認為是唯心主義本體論哲學，這是一個莫大的失誤。

▍專家品析 ───

由王弼創立的中國古代本體論哲學的世界觀、認識論、方法論原
理，是具有辯證法精神的理論。在王弼之前的所有哲學家，雖然各自
都有他哲學的認識論與方法論，但都處在模糊的自發狀態中，往往把
宇宙生成論、本體論、經驗論和自然科學實證論互相混淆不清，都未
能自覺地對認識論與方法論哲學加以研究，更談不上建立獨立的理論
體系。

王弼自覺地認真地研究並建立起民族本體論哲學的世界觀和認識

論、方法論，這無疑是中國哲學史上繼《周易》、老子之「道學」和孔子之「儒學」之後的又一偉大的里程碑。

▌主張或論著 ──────

王弼「貴無」，以無為本。「無」是他哲學思想的基本範疇，更是他哲學思想體系的基石。與老子的「道生一，一生二，二生三，三生萬物」的宇宙生成論不同，帶有思辨玄學的色彩。他把老子的宇宙生成論發展為有無何以為本的本體論玄學。

16 天人之事，三教合一

—— 王通·隋

生平簡介

姓　　名	王通。
字	仲淹。
出 生 地	隋絳州龍門（今山西河津）。
生 卒 年	公元五八四或五八〇至六一七年。
身　　份	哲學家、思想家。
主要成就	主張儒佛道三教合一，其基本點為儒教。

名家推介

　　王通（公元 584 或 580-617），字仲淹，生於隋文帝開皇四年，卒於隋煬帝大業十三年，隋絳州龍門（今山西河津）人，是隋代山西的一位私人教育家，死後，門下弟子私謚為「文中子」。

　　王通的生卒年代目前說法不一，有說生於公元五八四年，卒於六一七年，享年三十三歲；有說生於五八〇年，卒於六一七年，享年三十八歲。王通繼承和發展了孔孟學說，使儒學達到新的高峰。

▌名家故事 ───────

王通十九歲即成為一個知識淵博的學者。二十歲西遊長安，在同鄉御史侍郎薛道衡的引薦下，拜見了隋文帝。

隋文帝見王通舉止文雅，行為端莊，談吐自如，非常欣賞。他也沒辜負文帝的厚望，隨即獻上〈太平十二策〉。這是王通分析隋朝當時的政治形勢，總結歷史經驗教訓而寫出的關於如何治理朝政的政治策略。文帝聽說很興奮，顧不得細讀他的〈太平十二策〉原文，請他當面陳述治國安邦之策。王通慷慨陳詞：「得人才者得天下，施仁政者安天下，順民心者順天下，公而忘私者昌天下。田不荒廢、民不缺具、貨不堵塞者順天下，剛柔相濟順乎自然者治天下，邦交睦鄰者強天下，以道德為軸者帝天下，選賢任能者令天下，賢臣當政、國富民強者穩天下，功過分清、賞罰嚴明者統天下，精兵簡政、居安思危者康天下。」這一番宏論，文帝大悅，認為天賜良才與己，大有相見恨晚之感。但是，朝內大臣中，嫉賢妒能者都反對王通的主張，致使優柔寡斷的隋文帝未採用他的政治主張，只任命他為蜀王侍讀。他心灰意冷，於是作〈東征歌〉返回家鄉。

回家的途中，看到百姓民不聊生，官員腐敗，他認為不久將有朝代更替，只有傳播理念教授弟子，計劃為新的王朝培養一批輔佐之臣，才是他報效國家的唯一辦法。於是他殫精竭慮，制訂教學方案，思考教學辦法，選擇教學位址。

與此同時王通潛心鑽研孔子的「六經」，經過一番研究，王通模仿孔子作《王氏六經》或稱《續六經》。開始在家鄉的白牛溪聚徒講學，王通的授徒地點在通化、龍門等地。開始門人數十人，後增至數百人，多時達千人。他為封建王朝的強盛培養了薛收、房玄齡、魏

徵、杜如晦、李靖等政治家、軍事家、經濟學家，為唐王朝的創建、
興盛、開闢「貞觀之治」作出了傑出的貢獻。

王通在授徒期間，隋文帝四次召見他，他婉辭謝絕，顯示了他洞
悉隋王朝的腐敗，決心為新王朝培養人才的毅力。

與此同時，王通用九年時間，寫成《禮論》二十五篇，《續詩》
三百六十篇，《元經》三十一篇，《易贊》七十一篇。《中說》之作是
他在授徒講學期間，他們師徒對答提問的記錄，以後由其它門人記錄
保存下來的。這些著作，是王通河汾學說的精華。

王通家廟有一副對聯：「教衍河汾，門羅將相；道存子集，名著
隋唐。」橫批是「道不在位」，可以說高度概括了他在河汾學說上的
功績和思想。

今天研究王通的思想，主要依靠《中說》一書。《中說》一書，
有人疑其為偽作，但大多數學者認為，此書雖非王通所作，但其原本
是王通弟子姚義、薛收彙編而成的，大體上是弟子們對其師言行的回
憶和追錄。不過，此書到了王通之子王福寺手裏後，他對其重新分類
編排，在這個過程中，加進了許多吹噓王通的不實之詞，以至後人懷
疑是偽作。其實，《中說》還是有一定價值的，朱熹就講過：「《中說》
一書如子弟記他言行，也很有好處。雖說其中是後人假託，不會假得
許多，須具有個人坯模，如此方裝點得成。」這個說法是有道理的。

《中說》所反映的王通思想，還是有許多可貴之處的。王通在政
治上，以恢復王道政治為目標，宣導實行「仁政」，主張「三教合
一」，基本上是符合時代潮流的，有進步性；在哲學上，王通致力於
探究「天人之事」，圍繞「天人」關係這個核心，闡述了他關於自然
觀、發展現、認識論和歷史觀等方面的思想，表現了樸素唯物主義的
傾向和主變思想。在文學上，王通論文主理，論詩主政教之用，論文

辭主約、達、典、則，主張改革文風。這些都有一定的進步意義。

▎專家品析 ─────────

　　王通主張儒佛道三教合一，其基本點為儒教。王通宣揚人性本善，人性平等；君權有限，主張君主要受教育、要尊王道，否則可以罷免；臣子要堅持原則，不能愚忠。他強調文以載道，以觀民風，知得失。他講學時強調孔子的「仁」和「禮」，強調愛護人，同情人，各守本份，上下有序。他修正了孔子輕視體力勞動觀點，親自參加勞動，對孔孟傳統學說是一種突破和昇華。

▎主張或論著 ─────────

　　王通在政治上，以恢復王道政治為目標，宣導實行「仁政」，主張「三教合一」，基本上是符合時代潮流的，有進步性；在哲學上，王通致力於探究「天人之事」，圍繞「天人」關係這個核心，闡述了他關於自然觀、發展現、認識論和歷史觀等方面的思想，表現了樸素唯物主義。

17 西行求法，得道高僧

—— 玄奘·唐

▌生平簡介 ────────

姓　　名　玄奘。

別　　名　唐三。

出 生 地　河南洛陽洛州緱氏縣。

生 卒 年　公元六〇二至六六四年。

身　　份　僧人，翻譯家，思想家。

主要成就　漢傳佛教史上最偉大的譯經
　　　　　師之一、中國佛教法相唯識
　　　　　宗創始人。

▌名家推介 ────────

　　玄奘（公元 602-664），唐朝著名的三藏法師，漢傳佛教史上最偉
大的譯經師之一，中國佛教法相唯識宗創始人。

　　俗姓陳，名褘，出生於河南洛陽洛州緱氏縣（今河南省偃師市南
境）。他是中國著名古典小說《西遊記》中心人物唐僧的原型。

▌名家故事 ────────

　　玄奘出生在讀書人家，幼年受父親教導，學習經書，對儒學略知一二。十三歲在洛陽淨土寺出家，四處學習專研佛法，感到各家對佛教宗旨說得不明不白。於是他想尋根究底，就想到佛教的發源地去拜訪名師，尋求經典，於是決心取道西域印度求學。

　　貞觀三年，他從長安出發，經過蘭州到達涼州，當時唐朝國力尚不強大，與西北突厥人常有爭鬥，禁止百姓私自出關。涼州都督李大亮聽說玄奘要西行，強令他返回長安。當地有個叫慧威的法師敬重玄奘的宏願，便令小徒弟慧琳、道整二人秘密送玄奘前行。他們怕白天被官兵捕捉，便夜晚行路。到達瓜州時，所騎的馬又倒斃了。這時李大亮捉拿玄奘的公文到達，州吏李昌認為玄奘的宏願是罕見的，不應扣留他，就把公文毀掉，催促玄奘趕快前行。玄奘買得一匹去過伊吾（新疆哈蜜）十幾趟的老瘦赤馬，在新收徒弟石盤陀的陪同下，連夜上路。而慧琳、道整二人忍受不了遠行之苦，半道跑回了涼州。面對如此艱難的情境，玄奘進一步下定了西行的決心，不到印度，終不東歸，縱然客死於半道，也絕不後悔。半夜，他們偷渡玉門關成功。剛要休息，只見石盤陀持刀向他走來，表示再走是死路一條，告訴玄奘不願同行。玄奘只好任他離去，孤身一人繼續西行。

　　在大沙漠上，看不到行人，除了黃沙之外，人、獸的骨骸便是生靈的行跡。行進到玉門關外的第一個哨口，儘管是夜間偷渡，玄奘還是被守衛發現，差點被箭射中。校尉王詳同情他，因他不願東返，勸他到敦煌修行，玄奘還是表示寧可受刑，也不停留。王詳只得讓他過了關卡，並告訴他前往第四個哨卡，那裏有他的族人相助可以放行。玄奘依言出發，過了第四哨卡，再西行八百里到了沙河。在此他迷失

了方向，見到水，牽馬飲水，不小心把袋子掉到水裏，路上用的東西都丟失了，又不知道向哪裏走，於是只得返回。他邊走邊想，先前發過誓，不到印度不回頭，今天怎麼了，竟然往回走了？又想，寧可朝西走著死了，也不應該回去。想到這裏，勁頭來了，便改變方向，繼續西進。

有一次，玄奘走了五個白天四個夜晚，還沒有見到水，乾渴難忍。到第五個夜間，他沒有一點力氣了，便躺倒在黃沙上。半夜忽然刮起風來，令人清醒，他立即爬起繼續上路。馬忽然不按路行走，拉也拉不動，原來它發現了水草。飲飽吃足，休息了一天，玄奘又出發了。兩天後，出了流沙區，到達伊吾，隨後到達高昌。可以說這是玄奘取經邁出的決定性的一步，經過這番磨煉，玄奘西行的意志更加堅定了。

高昌王熱情款待了玄奘，崇拜他，希望他留下傳播佛教。玄奘的目的是前往印度取經，於是他婉言謝絕。高昌王再三挽留，玄奘還是不同意留下。高昌王認為用扣留的方式可以使玄奘屈服。而玄奘用絕食來回應，三天滴水不沾。國王被他的精神感動，於是放他西行，還賜給他四個徒弟，三十匹馬，二十五個雜役，並寫了二十四封公文，作為通關信物，力求玄奘西行要經過的各個地區的官員能給予關照。玄奘到層支國，因大雪封路，停留了兩個月。走到蔥嶺北邊的竣山，終年不化的積雪，使玄奘一行行走艱難，晚上就臥在冰上休息。這樣又經過七天才走下山來。同伴死了三四成，牛馬死得更多。到了康國，由於居民不信佛教，要用火焚燒玄奘的兩個徒弟，幸而國王制止，玄奘等才平安通過。到縛喝國，玄奘留住一個多月，學習佛教經書。以後他不顧旅途疲勞，多次在一些地方停頓讀經，並與當地佛學大師探討佛經。玄奘有時遇到強盜，衣服資財全被掠奪，同行者悲哀

哭泣，他勸慰眾人說：「人生最寶貴的是生命，生命保住了，損失的財物算什麼。」他鼓勵徒眾繼續前進。一次，在恆河，強盜認為玄奘體貌魁偉，適合祭祀天神，便把他綁上祭壇，即將行兇。玄奘毫不畏懼，鎮靜地默念佛經。誰知這時狂風驟起，吹斷樹枝，暴徒以為老天責怪他們作惡，慌忙向玄奘表示歉意，他這才躲過災禍。

　　一道道難關過後，玄奘走遍印度各地，搜集並學習了各種佛學經典，出席了戒日王主辦的全印度佛旨辯論會，玄奘為論壇主持人。由於他高深的佛學造詣和威望，有人想暗殺他，但陰謀沒有得逞。

　　貞觀十九年，經歷了十七個春秋，玄奘攜帶梵文經書三百五十七部回到長安。玄奘歷盡千辛萬苦赴西域取經的行為，成為後人追求真理，捨生取義的光輝典範。

▌專家品析 ─────

　　玄奘在印度求學時就得到「三藏法師」的稱號，這是對精通包括《經藏》、《律藏》、《論藏》在內佛學經典的尊稱。歸國之後，唐太宗親自撰寫了一篇長七百八十一字的〈大唐三藏聖教序〉，文中稱讚玄奘的刻苦求學精神。

　　直到近現代，人們依然對玄奘的業績和精神難以忘懷。近代學者梁啟超說：「玄奘是中國第一流學者，絕不居第二流以下。」印度著名學者柏樂天教授說：「無論從哪方面來看，玄奘也是古今中外最偉大的翻譯家。」

▌主張或論著 ────────

　　玄奘的五種姓說。進一步發揮了印度戒賢一系五種姓的說法，即把一切眾生劃分為聲聞種姓、緣覺種姓、如來種姓、不定種姓、無種姓。認為根據人的先天素質可以決定修道的結果。玄奘對五種姓說作了系統的闡述。

　　唯識論。玄奘及其學派主張，世界上的一切（包括人類自我），皆非獨立存在的，而是由人們的意識變現出來的，世界上的各種事物是一切現象的「種子」，是宇宙的本源。

18 五經正義，盛世鴻儒
—— 孔穎達・唐

▌生平簡介

姓　　名　孔穎達。

字　　　　沖遠、仲達。

出 生 地　冀州衡水（今河北衡水市）。

生 卒 年　公元五七四至六四八年。

身　　份　學者，學士。

主要成就　編訂並評定《五經正義》。

▌名家推介

　　孔穎達（公元 574-648），字沖遠，冀州衡水（今屬河北）人。唐代初年，任國子監祭酒。曾奉唐太宗之命編纂《五經正義》，包括《周易》、《尚書》、《詩經》、《禮記》和《左傳》等。《五經正義》融合南北經學家的見解，是集魏晉南北朝以來經學大成的著作。

　　唐初大儒孔穎達，在中國歷史上，繼承漢學風格，完成解決儒學內部不同流派和不同風格之爭，堪稱鞏固儒學壁壘的巨匠。卒於貞觀二十二年，終年七十五歲。

▍名家故事 ─────

隋末天下大亂，孔穎達避難於虎牢（在今河南榮陽）。李淵建國後，海內一統。次子李世民因征戰之功，特授天策上將，封為秦王。世民愛才若渴，開府治事，形同小朝廷。武德四年，李世民開設文學館，招攬天下文士，為治國平天下儲備人才。這年十月，孔穎達等十八人被授為文學館學士，號稱「十八學士」。十八學士都是當時經學通明、文采飛揚的優秀人物，杜如晦、房玄齡甚至是李世民的心腹謀臣。

武德九年，玄武門兵變，李世民殺建成、元吉，立為太子，秦王府官屬都有晉封，十八學士也加官進爵，孔穎達被升任博士，成為全國最高學府的高級教官。公元六二七年，繼位後的李世民將年號改為貞觀，論功行賞，孔穎達以傳播儒家文化受封給事中。給事中乃門下省的重要職位，掌管政令，議論朝廷的得失，孔穎達隨侍唐太宗左右，成為親信重臣。接連升遷為國子司業，祭酒，掌管全國的教育。唐太宗對孔穎達寄以厚望，將皇太子的教育委託給他，任他為太子右庶子，與左庶子于志寧一道，共同掌教太子李承乾。孔穎達兢兢業業，恪盡職守，無奈太子李承乾愛好聲色，漫遊無度，不聽勸教；又因太宗偏愛魏王李泰，釀成嫡庶相爭之禍。李承乾被廢後，其它東宮屬官多被黜退，唯有孔穎達、于志寧等由於平時對李承乾犯顏直諫，盡心盡職，太宗於是對他們卻獎賞有加，信任如故。

作為當年秦王親信的幾個文臣之一，孔穎達在後來的政治生活中，不像房、杜等人，功業卓著，位至公卿。他在太宗朝的主要貢獻不在於政治，而是在文化事業上。

孔穎達學識淵博，文采出眾，每遇朝廷議論禮曆、商榷經義，他

常發高論，多被採納。他曾與魏徵、顏師古等修訂《隋書》，有「良史」之稱。貞觀十四年，孔穎達官拜國子祭酒，太宗親臨國學，舉行祭祀先聖孔子大典。會上，眾多儒士講學，孔穎達主講《孝經》，他聲若洪鐘，口如懸河，義理分明，深得太宗稱讚。

孔穎達在經學上的最大成就是奉詔編纂《五經正義》，為經學的統一和漢學的總結作出了卓越貢獻。

首先，孔穎達在眾多的經書章句中，選擇一家優秀的注釋作為標準注本，然後對經文注文詳加解讀。雖有前代儒家著作作為依據，但孔穎達等人利用這些材料時，態度極為嚴謹，採取汰劣取優的方法確定最終到底使用哪個材料。即使是對被選為底本的義疏，孔穎達也認真甄別，嚴格審核，也絕不盲從。因此，才避免了官修圖書雜而不純的毛病，保證了《五經正義》的品質。

《五經正義》的編撰方法是，首先列出經文、注文，接著串講經文大意，然後疏通注文，說明注文的來龍去脈。完成了《五經正義》後，孔穎達已是十分疲倦了，上表請求退休。恰在這時，曾參與《周易正義》修撰的馬嘉運摘取《五經正義》中的疏漏之處，大做文章，唐太宗令孔穎達組織人馬重加審訂。《五經正義》由於書出眾手，工程浩大，成書倉促，自然難免偶而失誤，審訂工作異常緩慢，直到貞觀二十二年也未能完成，七十五歲的孔穎達帶著遺憾，離開了人間，審訂工作一直到唐高宗永徽四年才告結束，前後經歷十二年。

唐初大儒孔穎達編訂的《五經正義》，排除經學內部的門戶之見，於眾學中擇優而定一尊，廣採以備博覽，從而結束了自西漢以來的各種紛爭；是他摒棄南學與北學的地域偏見，相容百氏，融合南北，將西漢以來的經學成果盡數保存，使前世的優秀學說得以流傳下來，使後代學者有所借鑒；也由於他的《五經正義》被唐王朝頒為經

學的標準解釋，從而完成了中國經學史上從紛爭到統一的演變過程。
孔穎達就是這樣一個對中國經學具有總結和統一之功的大經學家。

　　孔穎達死後，唐太宗許他陪葬昭陵，于志寧題寫墓碑，作為一個
純粹的儒者，得此禮遇，孔穎達在天有知，也無憾於九泉之下了。

▌專家品析 ────────

　　自從孔子死後，對六經的論述雖然有部分成書，但都沒有孔穎達
評說得這樣全面具體、影響深遠。自從唐代將《五經正義》頒行天下
後，直到北宋數百年間，孔穎達的經論便成為後學諸儒奉行的正統理
論，即使後代已重訂《五經大全》，孔穎達的經論也常常作為傳統的
說法來加以引證。

▌主張或論著 ────────

　　《五經正義》是教科書，是法典。在古書佚散非常嚴重的情況
下，人們也可以通過它保存的漢晉經說來窺探漢學風貌，研究兩漢以
及魏晉經學的歷史，從這個意義上來說，《五經正義》又是舊書府
庫、資料寶藏。

19 語言大家，漢書奇功

—— 顏師古·唐

▌生平簡介 ————

姓　　　名	顏師古。
字	籀。
出 生 地	京兆萬年（今陝西西安市）。
生 卒 年	公元五八一至六四五年。
身　　　份	經學家、語言文字學家、歷史學家。
主要成就	對《漢書》進行評注，影響至今。

▌名家推介 ————

　　顏師古（公元 581-645），字籀，京兆萬年（今陝西西安市）人，唐初儒家學者，經學家、語言文字學家、歷史學家。

　　顏師古是名儒顏之推的孫子，他博覽群書，學問淵博，擅長於文字推敲、聲音韻律、文章校勘等學問；他還是研究《漢書》的專家，對兩漢以來經學史的研究也很有造詣。

▌名家故事 ─────

　　顏師古出生於書香世家，祖父顏之推是北周時著名文學家，父親顏思魯以擅長《周官》、《左氏》之學而知名。師古自幼受家庭影響，喜讀經史，善寫文章，二十多歲就以知識廣博聞名。

　　隋文帝仁壽年間，他受推薦擔任安養縣尉，以善於治理地方而出名。但後來因事被免官，回到長安以教書為業。此後的十年中沒有被起用。六一八年，李淵建立了唐王朝，顏師古投奔李淵，被授朝散大夫，擔任起居舍人，後升遷為中書舍人，擔負著為皇帝草擬詔令的任務。因為他善於寫作，文辭精當，編寫工整，很受高祖李淵的賞識。六二六年，唐太宗李世民繼承帝位，升任顏師古為中書侍郎，封爵琅琊縣男。但因公務差錯又被免了職。

　　貞觀初期，唐王朝政治上得到統一，社會相對穩定，生產得到了發展，太宗李世民便開始重視從意識形態方面來鞏固自己的統治地位，為了利用儒家經典來統一百姓的思想，需要校定一部統一的有權威性的儒學教材，就起用精通語言文字學的顏師古到秘書省考訂五經文字。顏師古收集了許多流行的經學抄本，參考了大量文獻資料，對這些五經抄本進行了認真校勘，訂正了其中的文字謬誤，編撰成《五經定本》。唐太宗將這個定本頒佈為全國統一的標準經學教授底本，命全國讀書人做為課本學習。從此，五經從文字到解釋開始統一，避免了因為文字差異而發生對經義解釋上的分歧，這對儒學的發展作出了重要的貢獻。另外，他還參與修撰了《五經正義》百餘篇。

　　唐貞觀七年，顏師古被任命為秘書少監，專管校定古書的工作，每遇疑惑不解的奇文難字，他都能一一辨析，並說明其本源。貞觀十一年，顏師古奉詔與博士撰寫成《五禮》，進爵為子。

　　顏師古的叔父顏游泰以前從事過《漢書》注釋，撰有《漢書決疑》，但沒有全部完成。皇太子李承乾便令顏師古來繼續進行《漢書》的注釋工作。顏師古在他叔父注本的基礎上，廣泛吸收前代注釋家成功的經驗，對《漢書音訓》、《漢書音義》等五個注本作了認真考證和研究，歷經四年艱苦勞動，寫出了新的《漢書注》一百二十卷本。由於他精通訓詁學，語言和文學知識深厚，所以，他的注本比前代各種注本更為詳盡、明確、完整、易讀，失誤較少，受到當時和後世專家學者的推崇，一直流傳至今。

　　貞觀十五年《漢書》注成，升任秘書監，以文學入選崇賢、弘文兩館學士。《漢書注》是顏師古晚年力作，在審定音讀、詮釋字義方面用功最多，成績最大，解釋詳明，深為學者所重。

　　貞觀十五年，太宗李世民要東封泰山，顏師古又即寫了《封禪儀注書》呈給太宗。貞觀十九年，他隨太宗東征遼東，途中因病而逝，時年六十五歲。

▌專家品析

　　顏師古是著名學者顏之推的孫子，家學淵源深厚。顏師古所注《漢書》、《急就章》大顯於當世，又有文集四十卷傳世。永徽三年，其子顏揚庭將其遺作整理成《匡謬正俗》八篇奏於朝廷。保留至今的有《漢書注》及《匡謬正俗》。匡正涉及的典籍有《詩經》、《論語》、《尚書》、《禮記》、《春秋》、《左傳》、《史記》、《漢書》等。主要著作有《五禮》、《急就章》，均佚，《五經定本》、《匡謬正俗》、《漢書注》少篇現存於世。

▎主張或論著 ─────

顏師古是一個勤奮的學者，一生精心研究語言文字，整理古籍文獻，著述非常豐富。他自著的除上述之外，還有《急就章注》一卷、《匡謬正俗》八卷、《顏師古集》六十卷，以及〈安興貴家傳〉和〈王會圖〉等。與別人合著的還有《隋書》八十五卷，《令》三十一卷。尤其值得肯定的是他晚年的力作《漢書注》不僅在當時普遍受到稱讚，而且至今仍是最有權威的、最通行的《漢書》輔助讀物，迄今，也還是人們研究《漢書》最好的憑藉。

20 六祖大師，開山傳法
—— 惠能·唐

生平簡介

法　　號　惠能。
出 生 地　嶺南新州（今廣東新興縣）。
生 卒 年　公元六三八至七一三年。
身　　份　佛學家、思想家。
主要成就　創立禪宗北宗。

名家推介

　　六祖惠能大師（公元 638-713），俗姓盧氏，河北燕山（今涿州）人，生於嶺南新州（今廣東新興縣）。得黃梅五祖弘忍傳授衣缽，繼承東山法門，為禪宗第六祖，世稱禪宗六祖。

　　惠能有六祖《壇經》流傳於世，至今仍有不腐肉身舍利久存於世，成為佛法修行的見證。惠能作為在中國歷史上有重大影響的思想家之一，其思想包含著的哲理和智慧，至今仍給人以有益的啟迪，並越來越受到廣泛的關注。

▌名家故事 ────

　　惠能父親早亡，家境貧窮，以賣柴為生。一次，惠能賣柴回家的路上聽到有人誦讀《金剛經》，便萌生了學習佛法之念。他去黃梅雙峰山拜謁五祖弘忍，由此開始了學佛生涯。

　　佛教禪宗傳到了第五祖弘忍大師，弘忍大師當時在湖北的黃梅開壇講學，手下有弟子五百餘人，其中出類拔萃的當屬大弟子神秀大師，神秀也是大家公認的禪宗衣缽的繼承人。弘忍漸漸的老去，於是他要在弟子中尋找一個繼承人，所以他就對徒弟們說，大家都做一首偈子（有禪意的詩），看誰做得好就傳衣缽給誰。神秀很想繼承衣缽，但又怕因為出於繼承衣缽的目的而去做這個偈子，違反了佛家的無為理念。所以他就在半夜起來，在院牆上寫了一首偈子：「身是菩提樹，心為明鏡臺。時時勤拂拭，勿使惹塵埃。」這首偈子的意思是，要時時刻刻的去照顧自己的心靈和心境，通過不斷的修行來抗拒外面的誘惑和種種邪魔。這是一種入世的心態，強調修行的作用。而這種理解與禪宗大乘教派的頓悟是不太吻合的，所以第二天早上當大家看到這個偈子都說好，而且都猜到是神秀作的並很佩服的時候，弘忍卻沒有做任何評價，因為他知道神秀還沒有頓悟。

　　和尚們的談論，被廚房裏做火頭僧的惠能聽到了。惠能是個文盲，聽別人說了這個偈子後，當時就說大師兄還沒有領悟到真諦。於是他自己又做了一個偈子，央求別人寫在了神秀偈子的旁邊。「菩提本無樹，明鏡亦非臺，本來無一物，何處惹塵埃。」他這個偈子很契合禪宗的頓悟的理念，是一種出世的態度，主要意思是，世上本來就是空的，看世間萬物無不是一個空字，心本來就是空的話，就無所謂抗拒外面的誘惑，任何事物從心而過，不留痕跡。這是禪宗的一種很

高的境界，領略到這層境界的人，就是所謂的開悟了。

弘忍看到這個偈子以後，問身邊的人是誰寫的，大家說是惠能寫的，於是他叫來了惠能，當著他和其它僧人的面說：「寫得亂七八糟，胡言亂語。」並親自擦掉了這個偈，然後在惠能的頭上打了三下就走了。這時只有惠能理解了五祖的意思，於是，他在晚上三更的時候去了弘忍的禪房，在那裏弘忍向他講解了《金剛經》這部佛教最重要的經典之一，並傳了衣鉢給他。為了防止神秀的人傷害惠能，弘忍讓惠能連夜逃走。於是惠能連夜遠走南方，隱居十年之後在莆田少林寺創立了禪宗的南宗。而神秀在第二天知道了這件事以後，曾派人去追惠能，沒有追到。後來神秀成為梁朝的護國法師，創立了禪宗的北宗。

禪宗，又稱宗門，漢傳佛教宗派之一，始於菩提達摩，盛於六祖惠能，中晚唐之後成為漢傳佛教的主流，也是漢傳佛教最主要的象徵之一。

《六祖壇經》分幾個部分：主要是講述六祖惠能的來歷、經過，一部分講他跟大眾的一些說法，體現他的思想的，還有一部分是他跟弟子的對話，及最後跟弟子們的交待。《六祖壇經》從唐代到現在發展已經一千多年了，版本非常多，民間統計有幾十種版本，歸納起來有四種版本。

《六祖壇經》的思想集中體現在：六祖認為，人的心和佛是等同的，「即心即佛」，當然這個思想也不見得是他的發明，因為一直以來佛教有這種說法和思想，但是六祖惠能特別強調這樣的東西。從歷史發展來看，佛祖釋迦牟尼是一個人，但慢慢發展幾千年以後變成一個神了，我們現在的佛教供奉和崇拜他。但是六祖惠能把神拉回到人到現實裏頭，「人人有佛心，人人有佛性，人人都可以成佛」，因為

「佛即是心，心即是佛」，所以每個人都可以成佛，不管老人、小孩，甚至是壞人都有佛性，都可以成佛。這是一個很重要的思想，如果我們從怎麼看待佛的問題說，它屬於惠能的佛性觀，他對佛的看法「心即是佛，佛即是心」。既然人人有佛心，人人都可以成佛，但怎樣成佛？為什麼有人成不了佛。

這樣就引出六祖惠能第二個思想，怎麼樣成佛？《六祖壇經》這樣的論述很多，悟，眾生是佛，你不悟的話，佛是眾生，所以關鍵在於你悟，而且他強調「頓悟」，不是慢慢來，而是突然間開悟。怎麼悟，用什麼方法悟，靠什麼悟？這就引出六祖惠能第三個思想。悟要靠自己，「自性自度」，佛心在你裏頭，悟要靠你的力量，其它人只能幫你一把，所以他說「自度自性，才是真度」。自身不度的話不是真悟，方法、解脫的問題，我們常常講主觀能動性即「自性自度」。

▌專家品析 ————————

惠能不僅是佛教禪宗派的六祖，是佛教的一位大師和領袖，而且是中國禪學文化的創始人，是中國和世界思想史、哲學史上有重要地位的思想家、哲學家。特別是，他創始的禪學文化，集中地體現了中華文化的傳統特質，創造了與孔子的儒學、老子的道學並駕齊驅、廣傳天下的一套完整哲學——禪學。

惠能被視為禪宗的真正創始人，亦是真正的中國佛教始祖。在他的影響下，印度佛教在中國至高無上的地位動搖了。他否定流傳偶像和陳規，勇於創新，並把外來宗教中國化，使它符合中國國情。西方文化學術界，對惠能評價也是很高的。

▌主張或論著 ─────

　　惠能圓寂後，其弟子們將其經歷和言論錄整理成《六祖壇經》，簡稱《壇經》，是禪宗的經典。壇經分為十品，經中講述惠能的生平、拜師學道、開示公案和臨終囑託等。壇經中所提到的南禪宗「無念為宗，無相為體，無住為本」，是慧能的主要思想精華。

21 唐室再安，爾主之功

—— 陸贄‧唐

▌生平簡介 ————————

姓　　名	陸贄。
字	敬輿。
出 生 地	蘇州。
生 卒 年	公元七五四至八〇五年。
身　　份	唐代政治家、文學家。
主要成就	唐朝中期卓越的政治家。

▌名家推介 ————————

　　陸贄（公元 754-805）唐代政治家，文學家。蘇州嘉興（今屬浙江）人，字敬輿。

　　唐大曆八年中進士，唐德宗年間，任翰林學士。貞元八年，出任宰相，但兩年後因與裴延齡有矛盾，被貶充忠州（今重慶忠縣），做個小官，永貞元年卒於任上，諡號宣。有《陸宣公翰苑集》二十四卷流傳後世。

▌名家故事 ────────

　　唐貞元七年，陸贄官拜兵部侍郎，次年任中書侍郎同平章事，為宰相。執政期間，公忠體國，勵精圖治，具有遠見卓識。

　　唐朝經過安史之亂後，封建統治的政治基礎和經濟基礎都遭到了嚴重破壞。藩鎮割據，山河破碎，戰火紛飛，到德宗時出現了一派蕭條破敗的氣象，田園荒蕪，人煙斷絕。涇原兵變後，長安失守，國難日益加重。但唐德宗在談到造成這種局面的原因時卻說：「此亦天命，非由人事。」針對德宗的這種「國家興衰皆由天命」的錯誤思想，陸贄指出把國家興衰說成由於天命是荒謬的。他充分肯定了「天命在人」的結論。陸贄還辯證地分析了「治」和「亂」的關係。充分肯定了人在治理社會過程中的主觀能動作用。他面對亂世並不悲觀失望，而是充滿「治」的信心。他躊躇滿志地勸誡唐德宗不要憂慮「亂」，不要害怕「厄運」。陸贄的這種反天命，重人事的進步歷史觀，構成了他治國思想的哲學基礎和理論基礎。

　　在分裂混亂之中，陸贄進一步闡發了「利民重民」的傳統儒家思想，反覆強調人心的作用。他所說的「得眾」、「得人心」的思想主要是指廣大農民對李唐王朝的同情和支持，也包括在統治階級內部取得地主階級的擁護。在封建社會裏地主階級和農民階級的利益是根本不同的，兩者之間不可能做到真正完全融合，也就是說在當時的社會條件下，要在不損害地主階級根本利益的基礎上盡可能地協調和農民階級的關係。這就必須從維護封建統治階級的最大局出發，適當地考慮一些廣大農民群眾的切身利益，以便爭取更多人的支持和擁護，盡可能地集中目標打擊主要敵人──破壞統一的割據勢力。

　　為了取得民心，陸贄請求賑救災民。貞元八年河南、河北、江、

淮、荊、襄、陳、許等四十餘州發生水災，他勸德宗給予撫恤。為了取得人心，陸贄提出國家必須要用度有節，躬行儉約。他要求均節賦稅來減輕人民的負擔。這些措施和建議收到了一些效果，緩和了地主階級和農民階級之間的矛盾，或多或少提高了唐皇室的政治形象，使一些顧瞻觀望的勢力能夠傾向於唐朝，在一定程度上分化瓦解了藩鎮。

陸贄認為能否正確地使用人才是關係到國家存亡的大問題。要使唐朝有所振作，不整頓吏治、廣開才路是不會取得什麼成效的。而昏庸的唐德宗既不能求賢任能，又缺乏知人之明，而且對臣下吹毛求疵，求全責備。針對唐德宗的用人弊病，陸贄在〈論朝官闕員及刺史等改轉倫序狀〉中進行了認真的分析：第一，人才的任用與否不由人才是否合適為準，而由推薦人才的宰相是否受到皇帝的寵信來決定；第二，聽信讒言而不加以任用；第三，求全責備，標準太高；第四，對於有「過錯」的人，因痛恨太過而不再重用；第五，考察不當，只看表面，不看本質；第六，根據人的一言一事來決定用與否，不是全面地看一個人；第七，應用舊例使用官員，使有才幹的人不得升遷。為了能夠合理地使用人才。

他發現人才，提高吏治水準，花了很大工夫對吏治問題在理論上作了比較全面的論述，提出了「求才貴廣，考課貴精」的重要原則。他提出要依據一定的標準進行考覈，加強吏治的管理，以便高標準地培養地主階級的官吏。為了全面地了解一個官吏的政治思想和工作能力，陸贄提出了考課的具體內容，在考課的過程中他強調不能注重言論，而要注重行動；不能看表面現象，而要看內在思想。指出口拙寡言的人不一定就愚笨；能言善辯的人不一定就聰明；質樸而冒犯的人不一定是背叛；阿諛奉承的人不一定就忠實。這種比較實事求是的考

核態度在一定程度上對於防止官吏徇私舞弊、弄虛作假、貪污懶惰是有一定作用的。同時通過考課可以根據每個人的實際才能，合理使用，更好地發揮官吏應有的作用。

唐中期以後均田制遭到破壞，土地兼併越來越嚴重。出現了富者佔地數萬畝，貧者無容身之地的狀況。廣大勞動人民處於艱難困苦之中，許多人離鄉背井，奔波流亡，出現了十室九空，城市化為丘墟的淒慘景象。生產力遭到嚴重的摧殘，民困國窮，財政枯竭，經濟處於崩潰狀態。為了緩和地主階級和農民階級日益激化的矛盾，解決國家的財政經濟危機，陸贄上疏提出「均節賦稅恤百姓六條」，系統地闡述了恢復和發展封建經濟改良的思想。

他的軍事思想集中體現在以下幾個方面：選擇良將嚴格治軍、獎懲分明提高軍隊戰鬥力、貯積軍糧保障後勤供給等。

▌專家品析 ————

作為一個政治家，陸贄的政治遭遇是很不理想的。他的政治才能沒能得到充分的施展，這是有其歷史原因和政治原因的。

首先是由於當時的歷史條件使他難以在短暫的時間裏取得顯著成效。政治危機和經濟危機不斷加深，病入膏肓，積重難返，非一般改良所能解決。其次，唐德宗有時雖能採用陸贄的建議，但總體的來說他是一個昏庸的君主，對於陸贄的許多重要主張並沒完全落實。最後，腐朽邪惡勢力雖然引起社會的不滿，但他們結黨作惡，陸贄與他們進行了不懈的鬥爭，後來遭到姦人造謠中傷，以不實之詞進行誣陷，結果唐德宗聽信讒言，降了陸贄的官職。陸贄直至去世，十年之

內未能發揮政治作用，這不能不說是一個歷史悲劇。

▍主張或論著 ───────

　　陸贄的思想在中國封建社會裏產生了深遠的影響。《新唐書》的論贊中說他的思想「可為後世法」。司馬光非常推崇陸贄，在《資治通鑒》中引用陸贄的議論達三十九篇之多，長者近千言，基本上把《陸宣公文集》的主要內容都概括了。

22 五子登科，五桂聯芳

—— 林慎思‧唐

生平簡介

姓　　名　林慎思。

字　　　　虔中。

出 生 地　長樂。

生 卒 年　公元八四四至八八〇年。

身　　份　思想家。

主要成就　為福建從蠻荒進入文明作出
　　　　　突出貢獻。

名家推介

　　林慎思（公元 844-880），字虔中，號伸蒙子。福州長樂（今福建長樂）人，晚唐著名的學者。唐咸通年間，林慎思兄弟五人先後中進士，為福建歷史上第一家兄弟五進士，時稱「五子登科」、「五桂聯芳」。

　　林慎思是福建歷史上第一位狀元，也是福建歷史上第一位思想家，他是福建文化發展史上的一個重要標誌，標誌著福建從蠻荒進入文明。

▌名家故事 ────────

　　林慎思生活在唐朝末年。當時，土地兼併激烈，政治黑暗，社會
動盪。統治階級聚斂無度，淫奢無度，廣大農民在封建統治階級的殘
酷剝削下，陷入極度貧困之中。階級矛盾日益尖銳，盛極一時的李唐
王朝已經走到了盡頭，統治集團內部一些有識之士也看到了這一點。
生活在這種時代背景下的林慎思，非常希望能革除弊政，挽救頹勢，
他的思想集中地反映在他所著的《伸蒙子》一書中。

　　《伸蒙子》成書於咸通六年，全書共三卷八篇四十章，約近萬
言。其中上卷三篇十四章，敘述天、地、人之事；中卷三篇十章，敘
述君、臣、民之事；下卷二篇十六章，敘述文、武之事。全書表達了
林慎思的政治觀、歷史觀、人才觀等，其思想蘊涵儒、道、法諸家，
而又獨成一家，堪稱晚唐一部重要的思想史著作，給後人留下了一份
珍貴的思想遺產。

　　他首先提出了德刑並用的政治觀點。林慎思認為，儒家學說是治
國的指導原則。他想要證明，儒家學說是萬世不泯的，要使國運長
久，就必須遵循儒家學說，把它作為治國大綱。林慎思把儒家倫理綱
常觀念和統治階級的行為直接聯繫起來，把統治階級的奢侈、酷暴、
荒淫等行為和仁、禮、德，這些儒家綱常觀掛起鉤來，認為這些行為
都違背儒家學說，自然是導致亡國的因素。林慎思處處強調必須遵守
儒家倫理綱常，其用意是想使統治階級的淫、奢、酷、暴有所節制，
以緩和階級矛盾，挽救每況愈下的李唐王朝。

　　林慎思雖然處處以是否符合儒家學說來衡量人們的行為，但他卻
不死守儒家信條。他認為，治民需人情和刑法並用，而且兩者相比，
要以刑法為主。這就是說，治國不僅不能拋棄刑，而且在一定意義上

講，是更重要的一手。乍一看，林慎思的思想似乎是矛盾的，其實不然。林慎思作為一個深察當時社會弊病的學者，清楚地知道，既要用儒家綱常倫理來束縛百姓，也需要用刑法來保證儒家學說的推行，而在世道紛亂的情況下，這種保證就更重要了。所以他在繼承儒家恩威兼施、德刑並用的政治觀點的同時，對刑法這一方面特別注意和重視。

林慎思用德、刑並用的辦法來挽救唐王朝的命運，當然是行不通的，唐王朝已病入膏肓無可救藥了。但是，倘若統治階級真的能像林慎思所說的那樣去做，不奢侈、不荒淫，居正清廉，刑賞合理，無疑會使社會矛盾緩和，從而延緩滅亡的進程。從這點而論，林慎思在當時腐敗的統治階級中倒不失為一個頭腦清醒的有識之士。

其次他提出了唯賢是舉的人才觀。唐王朝後期，科舉制度早已成為權門勢家的工具。林慎思對這種現象十分不滿，他認為選官是否得當直接關係到國家的興衰治亂，要使國家興而不衰，就必須唯賢是舉。統治階級要尊重賢能，而且還要有求賢若渴之心，只有這樣，才能使賢能者聞風而來，國家才有希望。

那麼，什麼樣的人才算「賢人」呢？林慎思提出了兩條標準：其一是要「忠」。林慎思所說的「忠」，是指對封建統治階級要竭力盡忠，死而無怨，這實際上是舉「賢」的政治標準。其二是要有「智」。這就是說，治理國家必須憑藉才智，只有具備這種條件的人才稱得上「賢」。顯然，林慎思所說的「智」，指的是管理國家的才幹、能力。

再次，他提出了今勝於昔的社會歷史觀：在中國封建社會中，一直存在著今不如昔和今勝於昔這兩種不同歷史觀的爭論，每逢社會動盪不安之時，就有人出來感歎「世道不古」。林慎思對此提出了不同看法。

林慎思認為現在民眾雖詐，卻可以通過引導使其改變；古民雖淳樸，卻是出於愚昧無知。因此，林慎思用水與土來比喻今民與古民，嚴格說來並不妥當，但可取之處是他看到了今民勝於古民的地方。林慎思還進一步指出，唐堯之世並不值得留戀，是無知愚昧的，當然就不值得仰慕。很明顯，林慎思的上述思想繼承了前秦法家的社會進化論歷史觀。林慎思認為國家興衰完全取決於人的因素，只要地方上有良吏，國家就能興而不衰。林慎思的這一思想否定了儒家天人相應的天命觀，和荀子的樸素唯物主義自然觀一脈相承。

再如他的人性論，儒家認為人性本善，法家則認為人性本惡，林慎思卻正確地指出：人性本無善惡之分，只是由於後天的教化影響才發生變化。這一見解，顯然比性善論、性惡論都要高明。

最後，他闡述了禍福相應的辯證觀：禍福相應這一具有樸素辯證法因素的命題淵源於道家學說，林慎思吸取了這一合理思想，看到了事物的發展變化，看到了矛盾朝對立面的轉化，顯然，這已經具有了樸素辯證法的因素在內了。

綜上可見，林慎思《伸蒙子》一書體現了其思想的博大，林慎思確實不失為晚唐的一位重要學者和思想家。

▌專家品析 ────────

林慎思是福建歷史上第一位狀元，也是福建歷史上第一位思想家，他是福建文化發展史上的一個重要標誌，標誌著福建從蠻荒進入文明。

他認為統治階級的奢侈、酷暴、荒淫等行為違背了儒家學說，是

導致亡國的因素。在治民上，他主張須用「恩刑」兩手。在科舉上，
他主張惟賢是舉。傳世著作有《伸蒙子》三卷、《續孟子》二卷，是
唐末不可多得的儒學專著，是宋代理學崛起的先聲。

▌主張或論著 ————————

　　林慎思著《伸蒙子》一書。林慎思的思想博採儒、道、法諸家，
而獨成一家之言。他的政治觀點是遵從儒家，歷史觀點承襲法家，自
然觀點與荀子相通，又從道家吸取了樸素的辯證法思想。

23 理學立派，開山鼻祖

—— 周敦頤・北宋

生平簡介

姓　　　名	周敦頤。
字	茂叔；號濂溪。
出 生 地	田堡（今湖南道縣）。
生 卒 年	公元一〇一七至一〇七三年。
身　　　份	哲學家、思想家。
主要成就	理學派開山鼻祖。

名家推介

　　周敦頤（公元 1017-1073），字茂叔，號濂溪，漢族，宋營道樓田堡（今湖南道縣）人，北宋著名哲學家，是學術界公認的理學派開山鼻祖。

　　他的理學思想在中國哲學史上起了承前啟後的作用，他提出了「無極而太極」的理論，是道德的最高境界。他認為只有通過主靜、無欲，才能達到這一境界，在以後七百多年的學術上產生了廣泛的影響，他所提出的哲學範疇，如無極、太極、陰陽、五行、動靜、性命、善惡等，成為後世理學研究的課題。

▌名家故事

　　從二十六歲開始，周敦頤就進入仕途，做了三十年的地方官，主要是做司法官，做出了一些成績，受到當時一些士大夫的讚揚。在三十年的政治生涯中，他除了按當時的政治要求做好本職工作之外，周敦頤幾乎把全部精力投入了對儒學的研究與傳授中。因此，無論在政治上還是在學術上，都獲得了很高的聲譽。

　　周敦頤的著作，流傳於今的有〈太極圖說〉、〈易通〉、〈愛蓮說〉、〈拙賦〉等。在上述著作中，以〈太極圖說〉和〈易通〉的影響最大，這兩部書集中體現了周敦頤所開創的宋明理學的思想基礎，塑造了兩宋理學的雛型，為後世博大精深的宋明理學的建立提供了核心的骨架，所以周敦頤被譽為「得聖賢不傳之學」的理學開山之祖。

　　周敦頤受佛教思想影響較深，同時也接受了道教思想，他的〈太極圖說〉，就把道教的世界觀與修煉方法融和於儒家經典，是對儒家思想進行充實和再造的成果。他的新儒學思想，就是將佛、道思想中可為儒學容納的東西匯通於儒家學說的產物。

　　首先應當指出，周敦頤著〈太極圖說〉，是以《易傳》為根據，是對《易傳》的一種別出心裁的闡發。〈圖說〉從宇宙起源到人道建立的整套宇宙模式的立論，可以說都是基於對《易傳》思想的繼承和發揮。其次，〈圖說〉也吸取了陰陽五行家關於宇宙起源論的一些思想資料。最後，〈圖說〉還吸取了道家和道教思想中的「無極」這一概念。因此，〈圖說〉中的「無極」這個概念和「無欲故靜」這一命題，都是從道家與道教那裏接過來的。

　　〈太極圖說〉是一個言簡意賅的宇宙發生發展論綱。全文僅兩百餘字，後來卻被奉為「有宋理學之宗祖」，因為它是中國思想史上第

一次系統、完整地論述宇宙發生、發展的著作，它對以後儒家學說的更新與發展產生了極其重大的推動作用。

周敦頤認為，作為天地萬物總根源的「無極」是宇宙的胚胎，是尚未分化成形的一種混沌狀態的物質材料。既然明確了作為宇宙最初根源的「太極」是物質性的，這就可以確定周敦頤的宇宙論是唯物主義觀點。從這個觀點出發，再看看〈太極圖說〉的宇宙演化過程，〈太極圖說〉認為，宇宙的生成發展大致經過了如下幾個階段：

第一階段，「無極而生太極」。「無極」不是絕對的「無」，它是宇宙最初的原始狀態，是具有物質性的，是處於混沌的天地未分的萬物的胚胎，具有變化機能和初具物態的「太極」，是由「無極」演化而來的。

第二階段，從「太極」到陰陽。就是說，在「太極」的運動中產生了陽氣，靜止中產生了陰氣。宇宙的原初物質發展到陰陽的階段，不但有動有靜，而且動靜相互依存、相互轉化、互為其根，於是便出現了天地的判分，這就是說，天地是在物質發展到分陰陽的階段上形成的。

宇宙發展的第三階段，是由陰陽二氣相互作用而演化為「五行」（指構成天地萬物的五種基本物質元素，即水火木金土）。

第四階段，從「五行」的運動到萬物化生。這是說，由「無極」之真髓同陰陽五行中的精細成分巧妙凝合，就產生了天地之間的男女、牝牡、雌雄，由陰陽二氣的交感和五行的不同特性相互作用，才出現了天地萬物，而萬物的變化和發展又是生生無窮的。

綜上所述，周敦頤的宇宙發生論，可以概括為這樣一個過程：無極—太極—陰陽—五行—天地萬物。

周敦頤的重要著作除〈太極圖說〉之外，還有《通書》、《易通》

全書四十章，全文兩千六百餘字，文字十分簡約，但它論及的問題卻很廣泛和深刻。雖然是一部解《易》的書，它的風格卻不同於當時其它易說著作。這部書不對《周易》進行逐卦逐句的解說，只是有選擇地引用了《周易》中的若干經文，進行闡述的發揮，用以表述自己的觀點。《易通》也是對〈太極圖說〉的具體補充，二者相輔相成，共同展現了周敦頤的理學思想。

宋代理學的產生，是中國儒學的第二次復興（第一次儒學復興出現於西漢時期）。儒家學派形成以後，隨著時代的變化而經受了多次的嚴重考驗，但它始終能夠延綿不絕地發展下去。周敦頤作為理學開山的地位，早已成為定論，其歷史影響非常深遠。

▌專家品析 ────

周敦頤死後，隨著程顥、程頤對他的哲學的繼承和發展，他的名聲也逐漸顯揚。南宋時許多地方開始建立周敦頤的祠堂，人們甚至把他推崇到與孔孟相當的地位，認為他「其功蓋在孔孟之間矣」。帝王們也因此而將他尊為人倫師表。

而周敦頤生前的確也以他的實際行動，成就了一代大儒的風範，他的人品和思想，千百年來一直為人們敬仰。

▌主張或論著 ────

周敦頤的宇宙發生論，即無極—太極—陰陽—五行—天地萬物。〈太極圖說〉從宇宙的生成到人類的產生，都堅持了唯物主義路線，這在當時是十分可貴的思想。

24 二程之學，曠世大儒

—— 程顥 · 北宋

生平簡介

姓　　名　程顥。

字　　　　伯淳；號：明道。

出 生 地　北宋洛城伊川。

生 卒 年　公元一〇三二至一〇八五年。

身　　份　思想家、理學大師。

主要成就　勾勒出了程朱理學的基本輪
廓，為朱熹思想的產生提供
了理論基礎。

名家推介

　　程顥（公元 1032-1085），字伯淳，號明道，世稱明道先生，北宋
洛城伊川人。程顥與弟弟程頤，都是理學大師，世稱「二程」。早年
與程頤一起從師周敦頤。

　　程顥北宋嘉祐二年中進士，曾經官任鄠縣主簿、上元縣主簿、澤
州晉城令、太子中允、監察御史、監汝州酒稅、鎮寧軍節度判官、宗
寧寺丞等職。後追封「豫國公」，配祀孔廟。

▎名家故事

中華民族的歷史長河中，對後世有著巨大影響的名人不在少數，但是如程顥、程頤一樣，共同成為中國儒學第二次復興的主要人物，如此兄弟齊名光耀千古的，恐怕無人可以相提並論。

能使儒家的學說在古老的中國重新樹立自己的權威，說明兩程確有曠世奇才。一種學說之所以能長期獨尊於百家之上，不僅僅是靠統治者的青睞和強力推行，如果它本身不具備征服人們思想的精神力量，沒有自己的生命力和生存價值，也就不可能長期延續下去。兩程所開創的理學，被朱熹加以繼承和發展，形成了一個龐大的、具有比較嚴密邏輯體系的學說之後，程朱理學從此便在中國後期封建社會的思想領域中，長期佔據統治地位。自北宋至清末，理學在中國思想意識形態領域佔據統治地位達七百餘年，這都和兩程有著直接的聯繫。

在學風上，兩程提出了「窮經以致用」的主張，突破了漢學不敢獨立思考的墨守成規的治學方法，不失為一大進步。當然，在理學後來被定為屬於支配地位的意識形態以後，就長期束縛了人們的思想，妨礙了知識分子的思想開放，阻礙了自然科學的發展，故其消極面仍然是不可忽視的。坎坷一生的兩程之所以能成為曠世大儒，除了與他們自身的淵博學識分不開外，也與他們的人生經歷密不可分。

兩程出身於「名門望族」。他們的高祖程羽，是宋太祖趙匡胤手下一員將領，也是趙光義的幕僚之一，以後又做過宋真宗的老師，官至兵部侍郎，死後贈封少卿。曾祖父曾任尚書虞部員外郎，祖父則為吏部尚書。兩程的父親又以世家的蔭庇，照例做了一個「郊社齋郎」，得到了晉升機會，由此起家，連續做了幾十年的中央和地方官，官至太中大夫，到了暮年，才因老病退休。

　　程顥自幼聰穎，幼年習誦儒家經典，十歲能寫詩作賦。他不但天資聰穎，並能刻苦學習，二十餘歲即中進士，隨後做了幾任地方小官。由於程顥在地方上有一些政績，神宗繼位之初，由御史中丞呂公著推薦，調回朝廷做了太子中允、并任監察御史。當時，宋神宗鑒於內外交困，很想有一番作為，有時也召見程顥，但聽了他的進言之後，以為不切實用，不感興趣。這樣，程顥知趣地請求退出朝廷，想在外地做官，於是被任命為京西路提典刑獄，做了一個和知縣職位相當的司法官。

　　程顥、程頤在政治上同司馬光等共同反對王安石的新法，所以在實行變法的神宗時期，沒有得到信任與重用，便以其父年老多病、需要照顧為由，要求退居閒職。回洛陽後，程顥便與其弟程頤一起每日以讀書勸學為主。神宗去世後，哲宗年幼，由高太皇太后聽政。這時，反對新法的舊黨人物被起用，掌握了政權，程顥也同時被召入京，授為中正寺丞，但還未及上路，便病死在家，終年五十四歲。

　　程顥與程頤一起，創立了「天理」學說。「理」因此成為二程哲學的核心，宋明理學也就從此得名。二程兄弟所謂的「理」，既是指自然的普遍法則，也是指人類社會的當然原則，它適用於自然、社會和一切具體事物。這就把儒家傳統的「天人合一」思想，用「天人一理」的形式表達了出來，中國上古哲學中「天」所具有的本體地位，現在開始用「理」來代替了，這是二程對中國哲學的一大貢獻。在程顥的哲學中，對孔子的「仁」學也有新的發展。

　　在修養方法方面，程顥提出了「定性」的理論。所謂「定性」實際就是「定心」，即如何使人做到內心的安寧與平靜。他認為，要使內心平靜，不受來自外部事物的干擾，就應該雖接觸事物，卻不執著、留戀於任何事物，更要超越自我。這一「定性」的理論，是程顥

發揮了孟子的「不動心」思想，也吸取了佛、道二教的心理修養經驗後而成的。

程顥和程頤的思想，人們一般統稱為二程之學，實際上兩人的思想還是有一定的區別的。程顥比程頤更注重個人內心的體驗。有的學者認為，程顥的思想是後來陸九淵「心學」的源頭，程頤的思想則是後來朱熹「理學」的源頭。程顥一生沒有專門的學術著作，他的講學語錄及一些書信、詩文，被後人與程頤的著作合編在一起為《二程全書》，今有校勘標點本的《二程集》。

▍專家品析 ─────────

程顥、程頤所創建的「天理」學說在中國古代思想史上具有重要地位，對我國古代政治思想和哲學思想都產生了重要而深遠的影響，並受到了後世歷代封建王朝的尊崇，以致逐步演變成為我國古代封建社會後期近千年的佔有統治地位的思想。

《二程集》是一部重要的理學著作，書中第一次把「理」作為宇宙本體，闡述天地萬物生成和身心性命等問題，奠定了以「理」為中心的唯心主義哲學體系。其中，程顥的識仁、定性，程頤的性即理、主敬、體用一源等許多重要哲學概念和命題，都是中國哲學史上第一次提出來的，為後來許多哲學家所沿用，對宋明哲學產生了重大影響。

▍主張或論著 ─────────

　　二程把「理」作為其思想體系的最高範疇，基本內涵包括三個層次：第一，「理」是宇宙的終極本原和主宰世界的唯一的存在。第二，「天理」又是封建道德原則及封建等級制度的總稱。第三，「天理」也具有事物特性及發展變化規律的意義。

25 理學大成，後世褒炳
—— 朱熹 · 南宋

生平簡介

姓　　名	朱熹。
別　　名	朱元晦、紫陽先生。
出 生 地	南劍州尤溪（今屬福建三明市）。
生 卒 年	公元一一三〇至一二〇〇年。
身　　份	南宋著名理學家、思想家、哲學家。
主要成就	創建宋代理學。

名家推介

　　朱熹（公元 1130-1200），字元晦，一字仲晦，號晦庵、晦翁、考亭先生、雲谷老人、滄洲病叟、逆翁。漢族，南宋江南東路徽州府婺源縣（今江西省婺源）人。

　　朱熹是宋代理學的集大成者，繼承了北宋程顥、程頤的理學，完成了客觀唯心主義的體系。他是南宋著名的理學家、思想家、哲學家、教育家、詩人、閩學派的代表人物，世稱朱子，是孔子、孟子以來最傑出的弘揚儒學的大師。

▍名家故事 ─────

朱熹早年出入佛、道兩家。三十一歲正式拜程頤的三傳弟子李侗為師，專心儒學，成為程顥、程頤之後儒學的重要人物。朱熹在從事教育期間，對於經學、史學、文學、佛學、道教以及自然科學，都有所涉獵或有著述，著作廣博宏大。

紹興三十一年秋，宋金關係緊張，金統治者完顏亮分兵四路南進，馬踏長江北岸。宋高宗準備出海南逃，右丞相陳康伯竭力勸阻。不久宋軍擊潰金兵，消息傳至當時朱熹求學的延平，朱熹為民族的勝利欣喜若狂，寫下了慶賀的詩篇，表達他不可抑制的喜悅心情。同時，他又給負責軍事的大臣寫信，指出必須乘勝出擊，坐視中原而不進取是不明智的。不久高宗退位，孝宗繼位，在廣大軍民要求的壓力下，起用了抗戰派張浚，平反了岳飛的冤案，斥責了秦檜黨人，朱熹這時上奏孝宗，提了三項建議：一是講求格物致知之學；二是罷黜和議；三是任用賢能，在奏章中鮮明表達了他的反和主張。朱熹一生雖然為官時間不長，但總是努力設法緩和社會矛盾，或多或少地為下層人民辦好事。朱熹的一生志在樹立理學，使之成為統治思想。但因理學初出，影響不深。同時，朱熹在官場上因品性耿直而得罪權臣，致使朱熹晚年落得一個悲劇的結局。

慶元六年三月初九，朱熹終於在建陽家裏憂憤而死，享年七十一歲。他臨死前還在修改《大學誠意章》，可見他是如何矢志於樹立自己的理學，然而生前終未如願。

兩宋時期，學術上造詣最深、影響最大的朱熹，總結了以往的思想，尤其是宋代理學思想，建立了龐大的理學體系，成為宋代理學之大成，其功績為後世所稱道。集中概括如下：

　　朱熹繼承周敦頤、二程，兼儒、道各家思想，形成了一個龐大的哲學體系。這一體系的核心範疇是「理」，或稱「道」、「太極」。朱熹所謂的理，有幾方面互相聯繫的含義：第一，理是先於自然現象和社會現象的形而上。他認為理比氣更根本，邏輯上理先於氣；同時，氣有變化的能動性，理絕對不能離開氣。他認為萬物各有其理，而萬物之理終歸一，這就是「太極」。第二，理是事物的規律。第三，理是倫理道德的基本準則。朱熹又稱理為太極，是天地萬物之理的總體。朱熹主張理應當依氣而生，並從氣展開了一分為二、動靜不息的生物運動，這便是一氣分做二氣，動的是陽，靜的是陰，又分做五氣（金、木、水、火、土），成為萬物。一分為二是從氣分化為物過程中的重要運動形態。朱熹認為由對立統一，而使事物變化無窮。他探討了事物的成因，把運動和靜止看成是一個無限連續的過程。時空的無限性又說明了動靜的無限性，動靜又是不可分的。這表現了朱熹思想的辯證法觀點。朱熹還認為動靜不但相對峙、相排斥，並且相互統一。朱熹還論述了運動的相對穩定和顯著變動這兩種形態，他稱之為「變」與「化」。他認為逐漸變化中滲透著突然的改變，突然的改變中又滲透著逐漸變化，事實上就是量變到質變的過程。

　　朱熹探討認識領域中的理論問題，在認識來源問題上，朱熹既講人生而有知的先天經驗論，也不否認後天知識的積累過程。他強調真理離不得物質，而物質中又蘊涵哲理。朱熹探討了知行關係，他認為知先行後，行重知輕。從知識來源上說，知在先；從社會效果上看，行為重。

　　在人性論上，朱熹發揮了程頤的天地之性與氣質之性的觀點，認為天地之性是至善的、完美無缺的；而人性有善有惡，兩者統一在人身上，缺一則做不到。朱熹從心性說出發，探討了天理人欲問題。他

以為人心有私欲；道心是天理。因此朱熹提出了遏制人欲而暢行天理的主張。朱熹承認人們正當的物質生活欲望，反對佛教籠統地宣導無欲，他反對超過延續生存條件的物質欲望。

朱熹四十年過著講學著書生活。其著作有《周易本義》、《啟蒙》、《蓍卦考誤》、《詩集傳》、《大學中庸章句》、《四書或問》、《論語集注》、《孟子集注》、《太極圖說解》、《通書解》、《西銘解》、《楚辭集注辨正》、《韓文考異》、《參同契考異》、《中庸輯略》、《孝經刊誤》、《小學書》、《通鑑綱目》、《宋名臣言行錄》、《家禮》、《近思錄》、《河南程氏遺書》、《伊洛淵源錄》等。此外，還有《文集》一百卷，《續集》十一卷，《別集》十卷，閩人輯錄的《朱子語類》一百四十卷。其易學思想主要集中在《周易本義》、《易學啟蒙》、《朱子語類》等書中。

▎專家品析 ────────

朱熹是理學的集大成者，中國封建時代儒家的主要代表人物之一。他的學術思想，在元朝、明朝、清朝三代，一直是封建統治階級的官方哲學，標誌著封建社會更趨完備的意識形態。

朱熹作為中國封建社會十三世紀以來著名的思想家、哲學家、教育家，以他為代表的理學思想在中國社會、東亞各國家，乃至世界華人社會有著相當的影響及作用。朱熹的哲學、思想以及對朱熹著作的考證、朱熹歷史地位的評價等問題都有待展開了充分、深入的研究。

▍主張或論著 —————

　　朱熹作為一代理學名家，著述甚多，主要有《四書章句集注》、《楚辭集注》及門人所輯《朱子大全》、《朱子語錄》等。

華夏哲學，心學鼻祖

—— 陸九淵·南宋

▌生平簡介 ————

姓　　名	陸九淵。
號	象山；子靜。
出 生 地	江西省金溪陸坊青田村。
生 卒 年	公元一一三九至一一九三年。
身　　份	著名的理學家和教育家。
主要成就	「心學」的開山鼻祖。

▌名家推介 ————

　　陸九淵（公元 1139-1193）號象山，字子靜，書齋名「存」，世人稱存齋先生，自號象山翁，世稱象山先生，漢族，江西省金溪陸坊青田村人。

　　他是著名的理學家和教育家，與當時著名的理學家朱熹齊名，史稱「朱陸」，是宋明兩代主觀唯心主義「心學」的開山鼻祖。明代王陽明發展了他的學說，成為中國哲學史上著名的「陸王學派」，對近代中國理學產生深遠影響，他也被後人稱為「陸子」。

▌名家故事 ────

　　陸九淵三十四歲中進士，十年後，他被推薦為國子正，不久，又遷敕令所刪定官。陸九淵自幼好學，他的好學不在於博覽，而表現在善於思考上。他們對當時的士風頗為不滿，所以學習不是以科舉中榜為目的，而為學以致用，指導人生。陸九淵沒有直接的師承，但更注重對心與理關係的體悟。可以看出，陸九淵在這樣的學習氛圍和家庭背景下生活，其心學思想的產生並非偶然。

　　南宋光宗紹熙元年，五十歲的陸九淵被任命為荊湖北路荊門知軍。次年九月，陸九淵千里迢迢從江西到荊門上任。當時，金兵南侵壓境，荊門地處南宋邊防前線。陸九淵看見荊門沒有城牆，認為這個行政區域位於江漢平原，道路四通八達，南面捍衛江陵，北面支持襄陽，東面守護隨州、鍾祥，西面扼守宜昌；荊門鞏固，四鄰才有依靠，不然就會腹背受敵。於是，下決心修築了城牆，陸九淵大刀闊斧地改革荊門軍的稅收弊端和不合理的體制以及官場的陳規陋習。外地的商販紛紛前來荊門做生意，使荊門的稅收日增。他推薦或提拔下屬，並不看重資歷與出身。他認為，古代錄用地方官員，由於不受資歷和出身的限制，表現好壞便容易區別，後世斤斤計較資歷和出身，有無政績就不容易判明。

　　陸九淵清正廉明，秉公執法。有人告狀，他不論早晚，親自接見受理。斷案多以調解為主。如控訴的內容涉及隱私、違背人倫和有傷風化的，就勸說告狀人自動撤回上訴，以便維護社會道德風尚的淳厚。只有罪行嚴重、情節惡劣和屢勸不改的才依律懲治。所以民事訴訟越來越少，到上任第二年，來打官司的每月不過兩三起。

　　陸九淵在象山東坡築亭，宣講理學，聽眾往往多達數百人，荊門

原先閉塞的民風和鄙陋習俗顯著改變。各級主管部門交相列舉陸九淵在荊門的政績奏報朝廷，益國公、左丞相周必大曾強調，陸九淵治理成效突出，可做地方長官「躬行」的榜樣。

一一九三年初，陸九淵在荊門病逝，棺殮時，官員百姓痛哭祭奠，滿街滿巷充塞著弔唁的人群。出殯時，送葬者多達數千人，他病逝後，諡為「文安」。

陸九淵一生的輝煌在於創立學派，從事傳道授業活動，受到他教育的學生多達數千人。他創立「心學」，宣揚精神的能動性作用。他的學說獨樹一幟，與當時以朱熹為代表的正宗理學相抗衡。一一四五年四月，他與朱熹在江西上饒的鵝湖寺會晤，研討治學方式與態度。朱熹持客觀唯心主義觀點，主張通過博覽群書和對外物的觀察來啟發內心的知識，兩派學術見解爭執不下。這就是史學家所說的「鵝湖之會」、「鵝湖大辯論」。

陸九淵與朱熹同一年代，兩人都是理學家，但朱熹屬於客觀唯心主義，而陸九淵屬於主觀唯心主義。陸九淵思想是得自於孟子，但他是受孟子思想的啟發，用孟子的思想做命題，來闡發二程理學中「心性」的層面，使理學的本體論更偏於主觀，而與道德行為思想趨於邏輯上的統一，這也就是他在理學中的理論貢獻。陸九淵的心本論思想，並未用「心」取代理學最高的「理」。他認為「心」是萬物的本原，不僅如此，心還是社會道德原則的本質，是一種倫理性的實體，道德行為乃是它的外在表現。陸九淵的心並非絕對的個體主觀自我，也具有客觀性的因素。

與朱熹相對，陸九淵是把人的價值轉換放在首位，而把讀書放在次要位置的。陸九淵從他所處的時代中政治的腐敗，思考到科舉的弊病，以當務之急是救治人心，轉變人的立場。他認為多懂得道理並不

能改變人的思想，因為知識的背面，有決定人知識方向的東西，這就是「志」，即為人的根本，做事的動機。

陸九淵以道德主體為本體，他所追求的實際上是一種理性的直覺。他以直覺為本體，而認為這種本體雖超越於人的知識之上，卻又不離人的知識。所以他強調尊重德性，而又要以求知的手段充實本體，來作為德性的補充。如果說朱熹的知性之「理」論證了封建倫理的根源性、普遍性，那麼陸九淵的理性直覺則在於把帶有普遍性的倫理規範變為個人的內在體驗，這即是他「心即理」的內在邏輯。

陸九淵的思想經後人充實、發揮，成為明清以來的主要哲學思潮，一直影響到近現代中國的思想界。著名學者郭沫若、馬一浮都深受陸九淵思想的影響。

▌專家品析 ────

朱陸是理學家，又是哲學家，確立理學倫理本體的價值原則是他們的目標，而對於「理」的哲學建構，本體思考，只是他們建構理學的思維手段。對於理學主旨他們是明確的，而對於各自的思維邏輯、哲學背景卻只能處於不自覺的狀態中，因此在辯論中我們不可能將為學方法上升到哲學觀點上去加以自覺的認識，也不可能從邏輯上對於自己的哲學思想給予圓滿的說明。這就是無極太極之辯沒有從理論上煥發光彩的原因。儘管如此，作為後來的研究者，我們卻不能不盡力去發現他們爭論的理論價值，只有這樣，才能找到理學發展以及心學產生的內在動因。

▎主張或論著 ─────────

　　陸九淵融合孟子「萬物皆備於我」和「良知」、「良能」的觀點以及佛教禪宗「心生」、「心滅」等論點，提出「心即理」的哲學命題，形成一個新的學派「心學」。

27 一代通儒，學術大師
—— 許衡·元

▌生平簡介

姓　　名	許衡。
字	仲平，學者稱之魯齋先生。
出 生 地	祖籍懷州河內（今河南沁陽）。
生 卒 年	公元一二〇九至一二八一年。
身　　份	元代傑出的政治家、教育家、天文學家、思想家，哲學家。
主要成就	元朝正學大儒，開創許衡文化。

▌名家推介

許衡（公元 1209-1281），字仲平，學者稱之魯齋先生，祖籍懷州河內（今河南沁陽）。

許衡是中國元代傑出的政治家、教育家、天文學家、思想家、哲學家。他在思想、教育、曆法、哲學、政治、文學、醫學、歷史、經濟、數學、民俗等方面都有頗深的造詣和卓越的建樹，是我國元代一位百科全書式的通儒和學術大師。許衡所產生的物質財富和精神財富的總和，被稱為許衡文化，在當代愈來愈昭示出勃勃的生機。

▌名家故事 ─────────

　　許衡是元代初期的名臣，也是一位著名的學者。他鑒於當時四海干戈、民生凋零的狀態，一再向元世祖建議要重視農桑，廣興學校。許衡長期擔任國子監祭酒，主持教育工作，在教育方面他不遺餘力。其門下不僅有大批漢族學生，還有不少蒙族弟子。至元八年，許衡奉元世祖之命，負責培養一批蒙古貴族子弟，在他的辛勤教育下，這些不懂漢文的青年也都成為「尊師敬業」的優秀儒生。其中有不少人，後來「位列卿相，成一代名臣」。

　　許衡對待學生「愛之如子」，從生活到學習無不關懷備至。他對待自己則從嚴要求，許衡通過傳道授業，對於漢、蒙文化的融合和交流作出了卓越的貢獻。至元十三年，元世祖提出要摒棄沿用已久而又有眾多失誤的金代（大明曆）而創制新曆，於是命令許衡全面負責這一工作，並以王詢、郭守敬為副，共同研訂。

　　提起郭守敬，人們馬上就會想到聞名中外的「授時曆」。其實人們不應該遺忘的是，「授時曆」並非是郭守敬一個人的「發明」的「專利」，它凝聚了包括許衡在內的許多人的心血和汗水。許衡博學多才，在天文學方面有較高的造詣。許衡以年屆七旬的高齡，辛勞策劃，艱苦實驗。創制了簡儀、仰儀、圭表、景符等天文儀器，在全國各地修建二十七所觀測臺，進行實地觀測。他用近世截元法代替了上元積年法，並推算出了三百六十五點二四二五日為一年這個結論，比地球圍繞太陽公轉一周的實際數字只差二十六秒，比歐洲著名的「格列高利曆」還要早三百年。「授時曆」使用的時間，前後達三百六十三年（公元 1281-1644 年）之久，是我國歷史上使用時間最長的一部曆法，是我國曆法史上的第四次重大改革。許衡當然參與制定了中國

歷史上使用時間最長的這部曆法，所以制定「授時曆」，許衡也是功不可沒的。

「授時曆」完成後不久，許衡由於身心交瘁，於公元一二八一年三月二日在祖籍病故，終年七十三歲。許衡作古後，四方學者聞訊相聚哀哭，更有不遠千里奔赴墓前弔唁的人。許衡的品德言行大為人們推崇，被後人譽為「元朝一人」。這是指許衡是元朝一位有突出貢獻的思想家、教育家，在當時的社會環境下，他為推動歷史的發展和進步獨一無二的人。

許衡在思想上的觀點集中體現在哲學上，稱世界本原是「獨立」的「道」。認為「道」生「太極」，「太極」含「一氣」；「氣」具陰陽，由此衍生天地萬物，而其中又以人為靈貴。他又稱太極是天理，認為形而上之理是世界根源。在論到天地萬物時認為萬物皆有剛柔、動靜、內外各種的矛盾，每一矛盾雙方都相輔相成。他認為矛盾發展最終「以靜為主」止於無對、靜止的狀態，又表現了形而上學的思想傾向。

在心性問題上，許衡認為人性本善是本然之性。但人稟氣有清濁的區分，因此又有氣質之性。通過靜時的修養方法可以改變心性。他還提出心與天同的天人合一論，強調自省自思的認識和修養方法，認為這樣就可以盡心、知性、知天。許衡哲學雖源於程朱，但不重玄奧之理而強調道德的履行。他說「道」在日用行事中不是高遠難行之事，這在客觀上有一定積極意義。

許衡著有《魯齋集》、《魯齋心法》、《授時曆經》、《讀易私言》等，經後世多次修訂編輯再版並易名為《魯齋遺書》、《魯齋全書》，《許文正公遺書》等並收入《四庫全書》。許衡在思想、教育、曆法、哲學、政治、文學、醫學、歷史、經濟、數學、民俗等方面皆有頗深

的造詣和卓越的建樹，是我國元代一位百科全書式的通儒和學術大師，「儒學君子」位居相位者，許衡為古今唯一的一人。許衡一生博學多才，涉獵經傳子史、禮樂名物、星曆兵刑、食貨水利之類，學問淵博，無所不通。其官多職，元朝廷曾召為京兆提學、太子太保、國子祭酒、議事中書省、集賢大學士兼國子祭酒、教領太史院事等職。辭世後，贈為榮祿大夫司徒，諡號為文正，後加封魏國公；時有「南吳（澄）北許（衡）」之稱，為元朝正學大儒。

▌專家品析 ────

　　常言道「有志不在年高」，許衡身上發生過許多驚歎的事。天資聰明，他年少時就有過人之處。七歲時，許衡入學讀書，他白天攻讀，夜裏思考，有時候所提的問題讓老師也感到驚奇，甚至不能回答。對於知曉的道理，許衡則嚴格地身體力行，深受人們敬重。

　　許衡身上蘊藏著極大的歷史文化價值，發掘許衡的歷史文化價值方面對於當代社會具有極其重要的價值。

▌主張或論著 ────

　　許衡在思想、教育、曆法、哲學、政治、文學、醫學、歷史、經濟、數學、民俗等方面皆有頗深的造詣和卓越的建樹，是中國元代一位百科全書式的通儒和學術大師，「儒學君子」位居相位者，許衡為古今唯一的一人。

28 正學先生，孤忠赴難

—— 方孝孺・明

生平簡介

姓　　名　方孝孺。

別　　名　緱城先生，正學先生。

出 生 地　浙江寧海。

生 卒 年　公元一三五七至一四〇二年。

身　　份　文學家，思想家。

主要成就　將金華文獻之學與朱子學的
　　　　　結合向前推進了一步。

名家推介

　　方孝孺（公元 1357-1402），字希直，一字希古，號遜志，曾以
「遜志」命名自己的書齋，蜀獻王替他改為「正學」，因此世稱「正
學先生」。

　　他是浙江寧海人，明代大臣、著名學者、文學家、散文家、思想
家。福王時追諡文正。在「靖難之役」期間，拒絕為篡位的燕王朱棣
草擬繼位詔書，剛直不屈，孤忠赴難，被誅殺了十族。

▌名家故事 ──────

明洪武十五年，因東閣大學士吳沉、楊樞的舉薦，明太祖朱元璋
召見了方孝孺。太祖見方孝孺舉止端莊，學問淵博，稱讚他是個不可
多得的人才。此後方孝孺為仇家所牽連，被逮捕入應天府，朱元璋知
道後，釋放他歸鄉。洪武二十五年，方孝孺再次因舉薦被召見。由於
方孝孺力主施行仁政，先德化而後政刑；而太祖則主張以猛治國，運
用嚴刑峻法控制官民，所以他沒有對方孝孺加以重用。雖然如此，太
祖卻有意栽培方孝孺，於是任命他為陝西漢中府教授。太祖之子蜀王
朱椿聽說他的賢明，聘為世子師，並親題「正學」二字贈給了他的書
齋。

洪武三十一年，明太祖駕崩，皇太孫朱允炆繼位，即為明惠帝。
惠帝繼位後，即遵照太祖遺訓，召方孝孺入京委以重任，先後讓他出
任翰林侍講及翰林學士。惠帝敬重方孝孺，讀書時每有疑難就向他請
教，處理國家大事也會徵求他的意見，有時還會讓方孝孺批覆群臣的
奏章。當時宮中纂修《明太祖實錄》及《類要》等史籍，都由方孝孺
擔任總裁。後定官制，方孝孺改為文學博士。惠帝對方孝孺有知遇之
恩，使方孝孺十分感激，他也決心竭盡全力輔助惠帝治理天下。

當時各地藩王勢力日益增大，惠帝聽從兵部尚書齊泰和太常寺卿
黃子澄的削藩建議，以加強中央集權。駐守北平的燕王朱棣以「清君
側」為名，誓師「靖難」，揮軍南下京師。惠帝也派兵北伐，當時討
伐燕王的詔書檄文都出自方孝孺之手。

因為燕軍驍勇善戰及惠帝等人的錯誤指揮和判斷，王師逐漸失
利。建文三年，燕軍攻佔大名。方孝孺建議道：「燕兵在大名長久停
頓，天氣炎熱，定會不戰自疲。請急命遼東部隊進入山海關進攻永

平、真定部隊進攻北平，燕兵必然回援。我們再發兵攻擊撤退部隊，即可擒下。」明惠帝贊同，並命方孝孺草擬詔書，派遣大理寺少卿薛抵擋燕軍，並赦免燕王罪行，使其罷兵回藩。又頒發數千言的詔書給薛，派人在燕軍中秘密傳散。薛抵達後卻藏匿詔書不敢發散，而燕王朱棣也不聽命詔書，方孝孺建議惠帝堅持對抗燕王的部隊。惠帝於是決定堅持與燕軍作戰。不久，燕王朱棣攻佔沛縣，燒毀糧船。當時黃河以北部隊無戰功，而山東德州的餉道被封，方孝孺為此憂心焦慮。於是，他建議惠帝派遣錦衣衛千戶張安帶璽書於燕世子朱高熾，假借與朱高熾簽訂密約為由，離間朱高熾與其弟朱高煦。使朱棣生疑北返，以打通通往德州的餉道。後來送遞時，朱高熾得書不啟封，離間於是未能成功。

建文四年五月，燕軍抵達長江以北，惠帝下詔在各地徵兵。方孝孺說：「情形已經非常緊急了。要派遣人答應割地，以拖延時間，東南各地的募兵才能彙集起來。燕軍不善於水戰，在長江上決戰，來決定勝負。」惠帝於是派遣慶成郡主到燕軍勸說，朱棣不聽，惠帝於是派遣水軍集合。然而，水師大將陳瑄卻率領戰艦投降燕軍，燕王大軍於是渡過長江。同年六月，惠帝非常憂愁恐懼，有人勸他轉移到其它地方，再圖復興。而方孝孺則力請堅守南京應天府，以待援軍。即使事有不濟，也會為社稷而死。然而，李景隆叛變打開金川門讓燕軍入城，惠帝在宮內自焚而死。燕王進京後，文武百官多見風轉舵，投降燕王。方孝孺拒不投降，結果被捕下獄。

當時方孝孺已經是名聞天下的第一大儒，其學識品德為四海所稱頌。朱棣起兵時，謀士姚廣孝曾對他說，「城破之日方孝孺是決不會投降的，但萬萬不能殺他，否則天下讀書種子將會滅絕。」朱棣點頭答應。其實，朱棣也有意借用方孝孺的威信來收攬人心，所以當燕軍

攻破南京後，朱棣屢次派人到獄中向方孝孺招降，希望由他撰寫新皇帝繼位的詔書。方孝孺堅決不從，朱棣又派方孝孺的學生廖鏞、廖銘二人前去勸說，反被方孝孺痛斥一頓。最後朱棣強行派人押解方孝孺上殿，方孝孺披麻帶孝而入，悲慟至極，哭聲響徹大殿。

　　朱棣上前安慰方孝孺，告訴他惠帝已死，並勸他輔助自己繼位，就像周公輔佐成王一樣。方孝孺厲聲質問朱棣：「成王安在？」朱棣稱成王已經自焚。方孝孺繼續質問：「那為何不立惠帝的兒子為君呢？」朱棣答道：「國家需要依賴永久君主治理。」方孝孺繼續追問：「為何不立皇弟呢？」朱棣則稱：「此朕家事。」並命人將筆墨投到方孝孺面前，聲稱：「昭告天下，非先生書寫不可。」強迫他寫詔書。方孝孺接過筆，寫上「燕賊篡位」幾個字後，就擲筆扔在地上，罵道：「死即死耳，詔不可草。」朱棣見方孝孺寧死不屈，威脅道：「你不顧你的九族了！」方孝孺義無反顧地斥責說：「便十族奈我何！」朱棣怒不可遏，命人把他押赴集市施以極刑。

　　方孝孺被打進死牢時，明成祖朱棣派人大肆搜捕方孝孺在京的親屬，並在行刑當日把他們押往刑場，在方孝孺面前一一殺害，場面十分殘忍。方孝孺的弟弟方孝友將要被殺的時候，方孝孺看著弟弟，流下了眼淚，方孝友說：「阿兄何必淚潸潸，取義成仁在此間。華表柱頭千載後，旅魂依舊到家山。」

　　方孝孺強忍悲痛，始終不屈，被處死於江蘇南京聚寶門外，時年四十六歲。關於他的死法，《明史》中記載是施以腰斬，方孝孺在行刑後，尚能以肘撐地爬行，以手沾血連書十二個半的「篡」字才斷氣。方孝孺被殺後，無人敢收屍。朱棣將方孝孺九族誅盡還無法息怒，便把方孝孺的門生和朋友也算作一族一併處死，被殺者共計八百七十三人，投獄和流放充軍者更達數千。

▋專家品析 ─────

　　方孝孺是明代洪武建文時期一位重要的思想家、文學家。在中國數千年來的歷史當中，他的思想和論著可能不是最出色的，但是他的結局卻是最悲慘的，因此方孝孺成為廣為人知的歷史人物。

　　如何看待方孝孺的死，數百年來，說法不一。有人認為方孝孺是中國封建社會愚忠思想的代表，也有人認為他是殺身殉道的了不起的人物。方孝孺的血肉之軀早已灰飛煙滅，朱棣搶奪來的皇位也早已被不肖子孫所葬送，但方孝孺的成仁取義與朱棣的殘暴殺戮卻同樣留在了歷史的長河中。

▋主張或論著 ─────

　　方孝孺是明代初年著名學者。他將經學推之於文章之學與治國之術，使金華文獻之學與朱子學的結合向前推進了一步。方孝孺的學術，鮮明地體現出明初儒學的整體面貌。

29　知行合一，齊頭並進

—— 王守仁・明

▌生平簡介

姓　　名　王守仁。

別　　名　陽明先生，王陽明。

出 生 地　浙江餘姚。

生 卒 年　公元一四七二至一五二九年。

身　　份　思想家、政治家、軍事家。

主要成就　發展陸九淵學說，提出知行
　　　　　合一。

▌名家推介

　　王守仁（公元 1472-1529），漢族，浙江餘姚人，字伯安，號陽明
子，世稱陽明先生，故又稱王陽明。

　　他是中國明代最著名的思想家、哲學家、文學家和軍事家。陸王
心學之集大成者，他不但精通儒家、佛家、道家，而且能夠統軍征
戰，是中國歷史上罕見的全能大儒。

▌名家故事 ————

　　縱觀王守仁的一生，作為軍事家和政治家，他立下不世之功，彪炳史冊；作為思想家，他開創儒學新天地，成為一代「心學」宗師。王守仁是中國宋明時期主觀唯心主義集大成者。他發展了陸九淵的學說，用以對抗程朱學派。王守仁不只是哲學家、教育家，也是一位著名的詩人。他非常熱愛故鄉的山山水水，回故鄉時，常遊覽名勝古跡，留下許多膾炙人口的詩篇。

　　在中國哲學發展史上，王守仁的「心學」無疑是一顆璀璨的明珠。他開創的一代學術新風，不僅浸潤了明代近百年的儒學，在明清之際掀起了一股近代的啟蒙思潮，而且直到現在，仍為人們津津樂道。

　　王守仁從小接受程朱「理學」教育。他對南宋大理學家朱熹的「格物致知」思想深信不疑，希望通過對自然界一草一木的耐心品味和靜心思考，以得到所謂的「天理」。

　　一次，他與朋友一起到家裏種植的竹子旁邊，做「格物」體驗。他們兩人天天面對竹子思考，期盼茅塞頓開那一刻的到來。朋友堅持了三天就病倒了，王守仁堅持七天之後，也病倒在床。這件事對王守仁打擊很大，他想：一株竹子就讓自己思索了七天，依然沒有什麼結果。自然界事物千千萬，自己哪有那麼多時間和精力去逐一思索？他開始對朱熹的理論產生懷疑，「天理」豈是「格」盡天下事物就可以得到的？王守仁心中充滿了困惑與彷徨，他開始尋找新的途徑來探知人生的真諦。

　　王守仁思想上的轉捩點就是「龍場悟道」。王守仁在龍場，帶著不少隨從。王守仁是一名學者，自有在艱苦環境中坦然處之的涵養。

但是，他的隨從們卻一個個病倒了。王守仁被迫自己打柴擔水，做稀飯給隨從們吃。他又擔心他們心情抑鬱，便和他們一起朗誦詩歌，唱唱家鄉的曲子。惟有這樣，隨從們才能稍稍忘記當時的處境。然而，王守仁卻始終在想：「如果是聖人，面對這種情況，會有什麼辦法呢？」

晝夜苦思的王守仁，終於在一個夜夢中豁然開朗，悟得「聖人之道，吾性自足」的道理。他從睡夢中跳起來，歡呼雀躍地大叫：「我知道了，我知道了！」荒蕪的龍場，給了哲學家心性的自由，成了王守仁「運思」的天堂。

王守仁學說的精髓在於「心即理」、「知行合一」和「致良知」。他認為朱熹要求人們絕對服從抽象的「天理」是沒有道理的，不符合現實社會的客觀實際。他認為「天理」就在每一個人的心中，要求人們「知行合一」，通過提高自己內心的修養和知識水準，去除自己的私欲與雜念，從而達到社會的和諧運行，即所謂的「致良知」；教化人們，應將道德倫理融入人們的日常行為中去，以良知代替私欲，就可以破除「心中賊」。

王守仁主張「致良知」，認為只有療救人心，才能拯救社會，只有每一個人去掉內心世界的「惡欲」和「私欲」，才能解決現實社會問題。王守仁的「心學」肯定了每一個人的感性認識，更貼近現實生活，遠比朱熹的冰冷冷的教條更有人情味。

「人欲」戰勝「天理」，是明代中期以後商品和社會經濟發展的必然要求。因此，王守仁「心學」一出，學子蟻聚，風氣大開，迅速成為當時社會上的又一種主流思想。

「四句教」是王守仁晚年對自己哲學思想的全面概括，即「無善無惡心之體，有善有惡意之動，知善知惡是良知，為善去惡是格物」

四句。良知是心之本體，無善無惡就是沒有私心物欲的遮蔽的心，是天理，在未發之中，是無善無惡的，也是我們追求的境界。當人們產生意念活動的時候，把這種意念加在事物上，這種意念就有了好惡，善惡的差別，一切學問，修養歸結到一點，就是要為善去惡，即以良知為標準，按照自己的良知去行動。

心中有天理，無私心，就好比世間有規矩，有規律，有規矩就能丈量世間萬物的方與圓，天理就在人的心中。

「四句教」闡述了心體、性體和良知在其心學體系中所具有的多重意義，指出心、性、理三者的內涵並不如通常所認為的那樣是完全等同的，並通過心性「無善無不善」的分析，王守仁所說的「至善」是超越道德善惡的不可執之善。最後，通過對本體與工夫之間關係的分析，揭示了四句教所內含的潛在矛盾，指出此矛盾是心學分化的一個重要原因。

立德、立功、立言是古人實現自己人生價值的最高境界，王守仁用自己一生的行動實現了人生的最高價值。王守仁臨終前，他的學生周積問他還有什麼遺言，他自信而樂觀地說：「此心光明，亦復何言！」後人從中不難品味出他的滿足感與成就感。

▌專家品析

王守仁作為封建社會的士大夫，在中國數千年的歷史上，陽明先生是屈指可數的幾位既有「立德」、「立言」，又有「立功」人，其德行、事功，至今仍受到讀書人的敬仰，可見其巨大的人格魅力。

中國歷史上「立德、立功、立言」都很顯著的有兩個半人，這兩

個人是指諸葛亮、王守仁，另半個人是指曾國藩。王守仁的學說深深影響了明代中晚期的官員、學者，後來心學流派一分為七，但「王學」到了清代就落沒了，因為竟然還有人將明朝的沒落歸到王守仁的「心學」上，實在有欠公允。

▌主張或論著 ────────

《傳習錄》分上、中、下三卷，載於《王文成公全書》，為一至三卷，也有單行本。上卷是王守仁講學的語錄，內容包括他早期講學時主要討論的「格物論」、「心即理」，以及有關經學本質與心性問題；中卷主要是王守仁寫給時人及門生的七封信，實際上是七封論學書，此外還有《社會教條》等，下卷一部分是講學語錄，另一部分是《朱子晚年定論》。

30　近代經學，啟蒙之父

—— 黃宗羲·明

▍生平簡介

姓　　名　黃宗羲。

別　　名　梨洲先生。

出 生 地　浙江餘姚。

生 卒 年　公元一六一〇至一六九五年。

身　　份　經學家、史學家、思想家、
　　　　　教育家。

主要成就　中國思想啟蒙之父，著有《明
　　　　　夷待訪錄》。

▍名家推介

　　黃宗羲（公元 1610-1695），明末清初經學家、史學家、思想家、地理學家、天文曆算學家、教育家。漢族，浙江餘姚人。字太沖，一字德冰，號南雷，別號梨洲老人、梨洲山人、藍水漁人、雙瀑院長、古藏室史臣等，學者稱梨洲先生。黃宗羲學問淵博，思想深邃，著作宏富。

　　黃宗羲的啟蒙思想完全沒有外來思想的影響，空前絕後，被稱為「中國思想啟蒙之父」，並與顧炎武、王夫之、方以智並稱為清初四

大家。

▌名家故事 ────────

　　黃宗羲一生講學不止，表明他是當時一位大思想教育家。在堅持
講學活動的同時，黃宗羲還積極開展學術研究，並在諸多領域取得了
令人矚目的成就。其中影響最大的，當首推《明夷待訪錄》的撰寫和
《明儒學案》的編著，是我國學術史上第一部學術思想史專著。

　　黃宗羲主要思想集中體現在以下幾個方面：

　　（一）黃宗羲認為學校不僅應具有培養人才改進社會風俗的職
　　　　　能，而且還應該議論國家政事，「公其非是於學校」，這是
　　　　　他對於中國古代教育理論的獨特貢獻，閃爍著民主思想的
　　　　　光輝。從上述思想出發，黃宗羲主張廣建書院和小學，實
　　　　　現在全國城鄉人人都能受教育，人人都能盡其才的理想，
　　　　　而且還強調學校必須將講學與議政密結合。這樣，學校集
　　　　　講學與議政於一身，既是培養人才、傳遞學術文化的機
　　　　　構，又是監督政府，議論政事利弊的場所。黃宗羲的上述
　　　　　思想，對中國近代資產階級反對封建君主專制，反對封建
　　　　　教育起了啟蒙作用。

　　（二）在中國封建社會，學校教育與取士制度緊密相聯。取士制
　　　　　度不僅在很大程度上影響人才考黜的具體內容、方式和方
　　　　　法，甚至還左右了學校教育對於人才的培養。黃宗羲針對
　　　　　當時科舉制度的弊病，總結了歷史上關於人才選拔的各種
　　　　　成功經驗，提出了八種人才選拔的方法，即：科舉之法、

薦舉之法、太學之法、任子之法、郡縣佐之法、辟召之法、絕學之法和上書之法，又稱「取士八法」。「取士八法」集中反映了黃宗羲注意把人才選拔與培養緊密結合；重視人才的實際才能；強調應採用多種方法和途徑來選拔人才，對人才需嚴加考覈等思想，這是中國古代教育史上一個較為深刻的人才思想成果。

（三）黃宗羲關於教育內容的思想，具有廣泛、實用的特點，具體包括經學、史學、文學和自然科學四部分內容。

黃宗羲重視經學的學習，認為學問必須以經學為根底，求學者首先應當通經。在實際教學中，他把經學列為最基本的教學內容。他如此重視經學的原因是：首先，他認為經學能夠經國濟世。這是他經世致用思想在教育內容上的反映。其次，是為了改變當時空疏淺薄的學風。

黃宗羲在強調學經學的同時，還重視向學生傳授史學，因為他認為史學具有經世致用的意義。他還主張學習和研究歷史必須重視史實，強調廣泛搜集史料，要重視志和表的作用，這些都是他長期從事史學教學的成功經驗。

除經學、史學之外，詩文也是黃宗羲教授的主要內容。他根據自己長期的教學經驗，對於如何教授詩文，提出以下主張。首先，必須有濃厚的興趣，只有「好之」，才能「專於是」。其次，反對模仿，提倡獨創。再次，為文要情理交融。最後，必須兼通經史百家之學。這些主張，對於今天的語文教學有一定的借鑒作用。

傳授天文、數學、地理等自然科學知識，黃宗羲向學生傳授天文、地理、數學等自然科學知識，是黃宗羲關於教育

內容的一個顯著特點，這既是對中國古代科技教育傳統的繼承和發展，同時也是受到當時傳入中國的西方科學知識的影響，反映了資本主義生產關係萌芽對教育所提出的新要求。

（四）黃宗羲在長期的教學實踐中，認真吸取前人的優秀成果，不斷總結自己的成功經驗，形成了頗具特色的教學思想。主要有以下幾點：

力學致知：在人的知識來源問題上，黃宗羲通過對歷史上各種學說進行比較，認為人才成長的正確途徑是基於認識，他在實際教學中，總是教育和引導學生勤奮刻苦求學。他自己更是以身作則，一生勤奮好學，甚至行年八十，仍手不釋卷。黃宗羲如此好學，正是他主張力學致知的最有力證據，同時這種精神也值得人們認真去學習。

學貴適用：自明中葉以後，當時的各種學者，平時高談闊論來欺世盜名，而一但遇到國家有事需要報國時，則束手無策。正是為了改變上述學風，黃宗羲提出了「學貴適用」的思想，明確認為求學貴在適於實用，中有學問與事功相結合，學用一致。正是從這一思想出發，他強調只有適於實用的知識才是真正的學問，並且，他還將是否有真才實學作為選拔人才的重要原則。

學貴創新：求學貴在創新，提出獨立見解，反對墨守成規，這是黃宗羲教學思想的又一顯著特點。在長期的教學實踐中，他積累了許多經驗。提出學習要深入思考，發現其規律。唯有這樣，才能在求學中有所創新。黃宗羲認為，學習離不開思考，學習的成功與否，取決於思考的深

刻程度，只有思考的越深刻，獲得的見解才越真實，要進
行深刻的思考，又離不開在求學過程中善於提出各種懷
疑。在教師的指導下，相互質疑問難，切磋討論，就容易
在學業上取得較大長進。

（五）黃宗羲十分重視教師在人類文化知識傳遞和發展過程中的
重要作用，認為古往今來，人的學問雖然有大小，水準有
高低，但每個人的成長都離不開教師。他主張尊師。

▍專家品析

　　黃宗羲多才博學，於經史百家及天文、算術、樂律以及釋、道無
不研究，尤其在史學上成就很大。他更是一位從「民本」的立場來抨
擊君主專制制度者，堪稱是中國思想啟蒙第一人。他的政治理想主要
集中在《明夷待訪錄》一書中。

　　黃宗羲的《明夷待訪錄》提出「天下為主，君為客」、官員應當
「為天下，非為君也；為萬民，非為一姓也」。後世學者認為黃宗羲
的思想是近代民主思想，在民權理論上還超越了歐洲的盧梭。有西方
學者稱黃宗羲為「中國自由主義先驅」。

▍主張或論著

　　黃宗羲大膽地指出「天下之大害者，君而已矣」，把鋒芒直指封
建綱常禮教的最核心問題。黃宗羲又提出「君」「臣」關係這個專制
統治的實質問題。黃宗羲這些論述已包含有現代法治思想的萌芽。

31 棲伏林谷，隨地託跡

—— 王夫之·明

生平簡介

姓　　名　王夫之。

別　　名　王船山。

出 生 地　湖南衡陽。

生 卒 年　公元一六一九至一六九二年。

身　　份　思想家、哲學家。

主要成就　建立了「別開生面」的樸素
　　　　　唯物辯證法體系。

名家推介

　　王夫之（公元 1619-1692），又稱王船山，中國樸素唯物主義思想的集大成者，與黃宗羲、顧炎武並稱為明末清初的三大思想家。

　　王夫之一生主張經世致用的思想，堅決反對程朱理學。王夫之一生著述甚豐，其中以《讀通鑑論》、《宋論》為代表之作。晚清重臣曾國藩極為推崇王船山及其著作，曾於金陵大批刊刻《船山遺書》，使王夫之的著作得以廣為流傳。

▌名家故事

　　一六四九年，王夫之三十歲，清軍南下，佔領了湖南，他在湖南衡山揭竿而起，舉兵抗擊。失敗後又投奔南明永曆政權，因剛正不阿，大義凜然地彈劾權奸，反遭迫害，差一點身陷囹圄。後經農民軍領袖設法營救，才得以脫險，輾轉逃回湖南。王夫之為了事業和理想，從來不為利祿所誘，不受權勢所壓，就是歷盡千辛萬苦，也矢志不渝。明朝滅亡後，他隱居石船山，從事思想方面的著述。他晚年身體不好，生活又貧困，寫作時連紙筆都要靠朋友周濟。在他七十一歲時，清廷官員來拜訪這位大學者，想贈送些吃穿用品。王夫之雖在病中，但認為自己是明朝遺臣，拒不接見清廷官員，也不接受禮物，並寫了一副對聯表明自己的情操：清風有意難留我，明月無心自照人。

　　從四十至六十一歲的二十多年裏，力圖施展革除時弊、反清復明政治抱負的王夫之，由於種種原因，最終不得不「悲憤有懷」地退出血與火的戰場，帶著壯志未酬的遺憾而「遁跡林泉」，轉入文化思想領域去從事另一種形式的鬥爭。

　　他高舉反對宋明理學的旗幟，揚棄陸王、改造程朱，矛頭所向，衝破了統治思想界數百年的唯心主義屏障，通過對宋明以來哲學範疇的新規定新界說，大大擴展了樸素唯物主義和樸素辯證法的理論陣地。王夫之給後人留下了一份寶貴的思想遺產，他貢獻最突出的，當首推哲學。王夫之用批判的眼光，審慎地考察了中國幾千年的文化史，因此他的哲學創造呈現出近代啟蒙的顯著特色。

　　基於總結明王朝覆亡的教訓，以及尋找復興民族道路的政治動力，自覺地繼承和發揚古代樸素唯物主義的優良傳統，以大膽創新和求實精神，從哲學上和政治危害上全面清算了宋明理學唯心主義，以

科學方法剖析了宋明理學的理論根源，並在批判中建立的「別開生面」的樸素唯物辯證法體系，為統治中國思想界數百年的宋明理學乃至整個古典哲學做了總結和終結。

王夫之主要思想集中體現在以下幾個方面：

（一）「太虛一實」的唯物論思想，他認為，整個宇宙除了「氣」，別無他物。他還指出「氣」只有聚散、往來而沒有增減、生滅，所謂有無、虛實等，都只是「氣」的聚散、往來、屈伸的運動形態。在理氣關係問題上，王夫之堅持「理依於氣」的氣本論，駁斥了程朱理學以理為本的觀點。他強調「氣」是陰陽變化的實體，理乃是變化過程所呈現出的規律性，明確地堅持了唯物主義的氣本論。

（二）唯物主義的世界觀，他肯定宇宙間一切事物都是具體的存在，任何具體事物都具有特殊本質又具有同類事物的共同本質，王夫之的唯物主義是中國古代唯物主義思想發展的頂峰。

（三）「太虛本動天地日新」的辯證法思想，在發展觀方面，王夫之綜合以往豐富的認識成果，並對自己所面對的複雜的社會矛盾運動進行哲學概括，對中國古代辯證法的理論發展作出了重要貢獻。王夫之的辯證發展觀，尤其是他的矛盾學說，具有重要的理論價值，但他過分強調矛盾的同一性，則是時代給予他的侷限。

（四）即民見天的歷史觀和社會政治思想，王夫之沿用傳統範疇，把「天」看作支配歷史發展的決定力量但用「理勢合一」來規定「天」的內涵。為強調必須「畏民」、「重民」而提出了「即民以見天」，意識到了民心嚮背的巨大歷史

作用。

（五）王夫之主張人性變化發展，強調理欲統一的道德學說，王
夫之的倫理思想，沒有超出封建主義的範疇，但其中包含
著一些啟蒙思想因素，具有愛國主義精神，對中國近代改
良主義倫理思想的形成產生了深刻影響。

王夫之一生著書三百二十卷，錄於《四庫》的有：《周易稗疏》、
《考異》、《尚書稗疏》、《詩稗疏》、《春秋稗疏》等，岳麓書院建船
山專祠。王夫之的思想，尤其在歷史觀和政治思想方面，大都表現在
他的《讀通鑒論》和《宋論》兩部書裏。《讀通鑒論》有三十卷，《宋
論》有十五卷。

王夫之的哲學論斷富有批判精神。他別開生面地注釋經學，以發
揮自己的思想。他把以往的學術明確地劃分為邪惡和正義的對立陣
營，自覺地繼承、發揚《易》學中的樸素辯證法和唯物主義氣一元
論。同時，大體把各種宗教神學和唯心唯識之說都歸入「異端」陣
營，給以嚴厲批判。另一方面，他又主張對老莊哲學、佛教理論深入
研討，在批判中注意吸取其中合理內容，從而積累了大量先世的思想
資料，創立了具有總結歷史意義的博大哲學體系。

▌專家品析

王夫之的哲學思想，是十七世紀中國特殊歷史條件下的時代精神
的精華，在中國哲學史上佔有很高的地位。但他的哲學受時代和階級
的侷限，具有二重性，既顯示出可貴的價值，也受到封建傳統意識嚴
重束縛的弱點，王夫之思想中這種矛盾，是十七世紀中國時代矛盾的
一面鏡子。

▌主張或論著 ─────────

　　王夫之的政治思想的主旨是「循天下之公」。在這個主旨下，他猛烈抨擊「孤秦」、「陋宋」，深刻揭露了秦始皇及歷代帝王把天下當做私產的做法。

32 天下興亡，匹夫有責
—— 顧炎武・明

▌生平簡介 ————

姓　　名	顧炎武。	

姓　　名　　顧炎武。

字　　　　　忠清。

出 生 地　　江蘇崑山。

生 卒 年　　公元一六一三至一六八二年。

身　　份　　明末清初著名的思想家。

主要成就　　提出了具有早期民主啟蒙思
　　　　　　想色彩的「眾治」的主張。

▌名家推介 ————

　　顧炎武（公元 1613-1682），本名繼坤，改名絳，字忠清；南宋失
敗後，改名炎武，字寧人，號亭林，漢族，南直隸蘇州府崑山（今屬
江蘇）人。

　　他是中國著名思想家、史學家、語言學家，與黃宗羲、王夫之並
稱為明末清初三大儒。他學問淵博，對國家典制、郡邑掌故、天文儀
象、河漕、兵農及經史百家、音韻訓詁等學問都有研究。晚年研究經
學，重視考證，開清代樸學風氣。他提出的「天下興亡，匹夫有責」
成為至理名言。

▌名家故事 ────────

　　甲申之變，顧炎武對於崇禎皇帝之死深表哀痛。清兵入關，明鳳陽總督馬士英等在南京迎立福王朱由崧，建立第一個南明政權。顧炎武受崑山縣令楊永言的推薦，被福王政權授予兵部司務的職務。清兵攻陷南京後，顧炎武與歸莊、吳其沆等在蘇州、崑山參加了可歌可泣的抗清鬥爭。崑山城陷，死難者四萬餘人，顧炎武的生母何氏被清兵砍去右臂，兩個弟弟遭殺害，好友吳其沆也被捕蒙難。顧炎武和嗣母王氏在常熟避兵禍，王氏聽說城陷，絕食十五天死節，國恨家仇，使顧炎武終生保持了不與清廷合作的態度。

　　順治十四年，顧炎武隻身北上，開始了終其後半生的漫遊生活。在二十五年間，他遍歷山東、河北、山西、陝西等廣大地區，所到之處，考察山川形勢，廣交豪傑師友，顧炎武在學術上取得很大成就，與他的廣交師友、虛心請教是分不開的。

　　顧炎武在晚年仍然沒有放棄反清復明的希望，他在陝西華陰定居，就有觀察時變、待機而動的深意。康熙十九年，顧炎武六十八歲，在這一年的元旦他作一對聯：「六十年前，二聖（明神宗、光宗）昇遐之歲；三千里外，孤忠未死之人。」這一對聯也可為顧炎武晚年的心境作一印證。康熙二十年，顧炎武不顧年邁體衰，仍然來往於陝西、山西之間。八月，在山西曲沃患重病。次年正月初八，顧炎武上馬失足墜地，嘔瀉不止，初九日辭世，享年七十歲。

　　顧炎武一生治學的方向可以用「經世致用」來概括。基於這種思想，他對宋明理學空談心性造成的惡果進行了激烈的批判。他對王陽明的心學更是攻擊不遺餘力，顧炎武把明朝滅亡的原因歸咎於宋明理學特別是王陽明心學的流禍。他以「撥亂世，反諸正」為己任，提倡

學習六經要旨、重視實事求是的學風，這在當時起到了轉變一代學風
的作用。

顧炎武把治學和培養道德情操聯繫起來，治學和培養道德情操都
是為了經世濟民。顧炎武一生躬行實踐了自己的主張，集道德文章於
一身，給後人樹立了楷模。顧炎武在宇宙觀上具有唯物主義的傾向。
顧炎武一生注重對具體問題的研究和考察，雖在哲學問題上沒有做過
系統的論述，但對中國古代的唯物主義哲學思想還是有所繼承的。顧
炎武批判宋明理學「用心於內」的方法，他反其道而行之，提倡外向
的、實事求是的治學方法。顧炎武治學有兩大特點，一是注重實地的
考察，二是重視書本知識的積累。

顧炎武的一生真正做到了「讀萬卷書，行萬里路」。他的《日知
錄》、《營平二州史事》、《昌平山水記》、《山東考古錄》、《京東考古
錄》等著作都是實地考察和書本知識相互參證，認真分析研究以後寫
成的。顧炎武把寫書比作「鑄錢」，他鄙棄抄襲古書，他認為正確的
方法是自己去闡述自己的思想。顧炎武重視典章文物、天文地理、古
音文字、民風土俗的考核。凡立一說，必廣求證據，反覆辨析，常用
歸納法得出正確的結論。這對於清代樸學方法的形成起了開創風氣的
作用。

顧炎武對中國封建社會的政治制度進行了批判，他發揮先秦儒家
的民本思想，以此作為批判君主專制的武器。顧炎武把「國」和「天
下」區分開來。顧炎武抨擊八股取士的科舉制度，說它敗壞人才有甚
於秦始皇焚書坑儒。他主張改革以八股文取士，讓讀書人把在八股文
上所花的功夫，用在經世致用上，這在當時是有進步意義的思想。

由於階級的侷限，顧炎武對明末農民戰爭是堅決反對的。但他身
處亂世，大半生過著客旅生涯，「足跡半天下」，較多地接觸到當時

社會的實際，對勞動人民的苦難有一定了解，並抱有深切的同情。他認識到封建統治者的繁重賦稅是百姓苦難的根源，對勞動人民的同情，使顧炎武能夠針對當時社會的弊病，提出減輕賦稅和開礦興利等改良措施。他的重視民生、增強國勢的思想帶有一定程度的人民性。

顧炎武始終不與清政權合作，是與他恪守嗣母的遺言、終生抱定反清復明的志向相聯繫的。顧炎武一生曾六謁孝陵，六謁思陵，充分表現了他的遺民孤忠之心。忠孝觀念是顧炎武不與清廷合作的一個重要原因。另外，「華夷之防」的傳統觀念在顧炎武的思想中也佔有相當大的比重，這也給他的民族氣節打上了時代的烙印。當然，這些歷史的侷限仍不足以掩蓋顧炎武人格上的偉大和思想上的光輝。

▌專家品析

顧炎武的學術成就和政治思想在歷史上產生了深遠的影響，他不但開創清初一代學風，而且中國近代的政治變革也從他那裏汲取了精神力量。

顧炎武為學以經世致用的鮮明旨趣，樸實歸納的考據方法，創闢路徑的探索精神，以及他在眾多學術領域的成就，宣告了晚明空疏學風的終結，開啟了一代樸實學風的先路，給予清代學者以極為有益的影響。

顧炎武還提倡「利國富民」，並認為「善為國者，藏之於民」。他大膽懷疑君權，並提出了具有早期民主啟蒙思想色彩的「眾治」的主張。他所提出的「天下興亡，匹夫有責」這一口號，意義和影響深遠，成為激勵中華民族奮進的精神力量。

▌主張或論著 ─────────

顧炎武被稱作清朝「開國儒師」、「清學開山」始祖，是著名經學家、史地學家、音韻學家。他學識淵博，在經學、史學、音韻、小學、金石考古以及詩文上都有較深造詣，建樹了承前啟後之功。

33 理在氣中，不分先後

—— 薛瑄・明

▌生平簡介 ————————

姓　　名　薛。
字　　　　德溫。號：敬軒。
出 生 地　山西省河津縣（今萬榮縣）。
生 卒 年　公元一三八九至一四六四年。
身　　份　思想家。
主要成就　開創河東學派。

▌名家推介 ————————

　　薛瑄（公元 1389-1464），字德溫，號敬軒，山西省河津縣裏望鄉平原村（今萬榮縣裏望鄉平原村）人。

　　他是明代思想家，著名的理學大師，河東學派的創始人。由於他曾在朱熹的白鹿洞講學，深受歡迎，所以人們尊稱他為「薛夫子」。進士出身，曾任大理寺正卿、禮部侍郎、翰林院學士等職，晚年辭官居家講學、著述。

▌名家故事 ─────

薛瑄從明宣德三年開始，到天順元年，陸續居官二十四年，大多執掌法紀，如監察御史、大理寺少卿和大理寺卿等。期間他嚴於律己，勤廉從政，剛直不阿，執法如山，被譽為「光明俊偉」的清官。

宣德三年，明宣宗想重整風紀，在內閣首輔楊士奇等的舉薦下，薛瑄被任命為廣東道監察御史。他輪流駐於沅州、辰溪和瀘溪等處，往復巡視，明察暗訪，承辦要案，特別是對貪污受賄者都一一上報革除官職，依法嚴懲。從而使府縣秩序井然，民眾誇讚不已。他在任三年，未回過一次家，離任時兩袖清風。

正統六年，薛瑄就任大理寺少卿，參與刑獄案件審理。薛瑄上任後盡心盡職，僅四個多月就辦完了在錦衣衛發生的十多起冤獄案。景泰元年，薛瑄奉命前往四川，協助巡撫僉都御史李匡平息川西苗彝作亂。期間，他親自到各處察看民情，發現當地貪官眾多、橫征暴斂，致使百姓生活困苦，冤屈難申，作亂主要由此引起。於是，他在作亂平息之後，便立即向朝廷奏本，列舉事實說明苗彝等少數民族地區民力已竭，財力已盡，只有減少貢賦，才可不生變故。但朝廷對這一建議不置可否，一氣之下，他便向朝廷提出了辭官還鄉的請求，但是並未獲得批准。

景泰四年，全國發生大饑荒。蘇州、松江一帶民眾紛紛向富戶借糧。但富戶們乘人之危，大抬糧價，囤積居奇。為此激起民怨，發生了民眾群起搶富戶糧食、燒富戶房子的事件。朝廷派太保王文前往查處，王文為了表功，一下便查抄平民五百餘戶，逮捕二百餘人，並以謀反罪將他們全部押解京城，奏請一起問斬。不少大臣都認為這是一宗大冤案，但懾於王文權勢卻不敢提出異議，只有大理寺卿薛瑄向朝

廷奏章辨冤。最後經都察院官吏勘實，只嚴懲了為首者三四人。

天順元年春，年已六十九歲的薛瑄得到了朝廷的重用，被任命為禮部左侍郎兼翰林院大學士，入內閣參與機務。起初，他還躊躇滿志地想為朝廷效力，每逢朝廷召見，都能坦誠直言，獻計獻策，屢次推行重視王道、重賢才、用群策等，陳述了自己的主張。但不久他便發現英宗皇帝平庸無能，對朝臣亂政束手無策，置正確意見於不顧，屈殺忠臣於謙，並令從南國購買獅子，玩物喪志。從此，他對振興朝政已毫無信心，於是便以老病為由接連上章，獲得允准後，第四天便離開京師，踏上歸程。

薛瑄在致仕還鄉以後的日子裏，一面聚眾講學，一面進一步深鑽細研正心復性理論，並進行更加嚴格的自我修養，使之達到了更高的境界。七年之後，也就是天順八年的六月十五日，他忽覺身體不適，將所寫文稿作了一番整理，之後伏案寫詩，尚未寫完便與世長辭，時年七十六歲。

薛瑄推崇程朱理學，在思想上是同程朱理學一脈相承的，但又並非程朱理學的簡單延續，而是進一步完善和發展了程朱理學。難能可貴的是，他棄舊圖新，提出了不少具有唯物主義思想傾向的觀點，對明中葉興起的理學唯物主義思潮起到了首倡和先導作用。

首先，他批判和改造了朱熹「理在氣先」和「理、氣是二物」的唯心主義理氣觀，明確提出了「理在氣中，以氣為本」的新觀點。同時，明確指出「理氣是二物」的說法是錯誤的，他以上這些論述都是非常正確，應該充分肯定的。

其次，薛瑄一貫宣導求實理、務實用的實學思想和學風，他不但明確提出了「實學」的概念，而且賦予了豐富的內涵。他說：「人於『實』字，當念念不忘，隨時隨處省察於言行居處應事接物之間，心

使一念一事皆出於實，才能進步成有德之人。他在強調實踐的重要性的同時，也肯定了知對行的指導作用，他並一生躬行實踐，他本人被譽為「實踐之儒」。

最後，「復性」說在薛瑄理學思想體系中佔有重要地位。薛瑄的「復性」說，雖積極維護程朱的「道統」觀念，本質上仍然是唯心主義的，但其中也不乏唯物主義觀點。如就「性」的本源來說，朱熹認為「性」是天賦，來自先天；而薛瑄則認為「性」是「理」，主要形成於後天。在對「復性」的具體解釋上，朱熹指出，「復性」就是要恢復人的本然之善的天性；薛瑄卻不然，他說「復性」就是要按理視、聽、言、動。不難看出，薛瑄的「復性」說，在很大程度上是對朱熹「復性」說的修正和完善。

▌專家品析

薛瑄的學說對當時和後世的影響是很大的。他通過長期聚徒講學，按照自己的思想體系，培養造就了大量學者，創立了著稱於史的河東學派。在之後的一個多世紀裏，河東學派不斷壯大，薛瑄弟子遍及山西、陝西、河南、湖北等地，他們在弘揚薛瑄思想學說和發展程朱理學方面發揮了巨大作用。

薛瑄哲學以朱熹為宗，但對朱熹思想有所修正和發展。他否定了理在氣先、理在氣上的觀點，不同意朱熹所謂太極之理先於陰陽而生陰陽。但他接受了朱熹氣有聚散、理無聚散的說法，承認太極之理可以再造天地。同時他發展了朱熹的格物致知說，重視耳目感官的認識作用，肯定理性認識與感性認識的聯繫。

▌主張或論著 ─────────

　　薛瑄認為理在氣中，不能離氣而獨立存在，稱「遍滿天下皆氣之充塞而理寓其中」，「理只在氣中，決不可分先後」，他接受「理具於心」和「性即理」的觀點。著有《讀書錄》、《薛文清集》。

34 學貴知疑，開放文風

—— 陳獻章・明

▌生平簡介 ────

姓　　名	陳獻章。
別　　名	碧玉老人、玉臺居士、南海樵夫等。
出 生 地	廣東省江門市新會區人。
生 卒 年	公元一四二八至一五〇〇年。
身　　份	明代思想家、教育家、書法家、詩人。
主要成就	創立「白沙學派」。

▌名家推介 ────

　　陳獻章（公元 1428-1500），字公甫，號石齋，別號碧玉老人、玉臺居士、江門漁父、南海樵夫、黃雲老人等，因曾在白沙村居住，人稱白沙先生。廣東省江門市新會區人。

　　他是明代思想家、教育家、書法家、詩人，廣東唯一一位從祀孔廟的明代碩儒，主張學貴知疑、獨立思考，提倡較為自由開放的學風，逐漸形成一個有自己特點的學派，史稱江門學派。著作後被彙編為《白沙子全集》。

▌名家故事 ——————

　　陳獻章經過十年苦學，靜坐冥思，一舉掌握了心與理吻合的關鍵，學問與修養頓時獲得飛躍提升。一四六五年的春天，陳獻章決定在春陽臺設館教學。這消息一傳開，近者鄉村，遠者鄰邑，學生慕名而來，門庭若市，白沙村頓時熱鬧起來。陳獻章的教學方法與眾不同：先靜坐，後讀書；多自學，少灌輸；勤思考，取精義；重疑問，求真知；詩引教，哲入詩。開學以後，絕大多數學生都勤奮用功，但也有個別沾染了酒色、浪蕩和懶惰的，陳獻章就編了〈戒色歌〉、〈戒戲歌〉、〈戒懶文〉等幾首詩歌給學生誦讀，作為座右銘。

　　一四六六年，陳獻章接到順德縣錢溥一封信，規勸他趁新任皇帝復禮施教，整頓朝綱，考取功名，為社稷效力。於是他決定再上京師，復遊太學。當時陳獻章三十八歲。後來，陳獻章接到任職的官論，由於不屑巴結朝中的權貴人物，觸怒了當時官居禮部侍郎的尹昊，受到權臣的暗算和陷害。正直的官員對陳獻章無限同情和保護。四年後，陳獻章已經四十二歲，再次參加會試，也因姦臣弄權應考失敗，陳獻章決定南歸。

　　陳獻章返回江門，與老母妻兒及兄長共敘天倫之樂。從此，陳獻章一心研究哲理，重振教壇。這時候，陳獻章的名聲遠播，四方學者都紛紛前來要求執弟子之禮，入學受教。陳獻章設教十餘年，不少學生得益於他的教誨，成為朝廷的棟樑柱石，「江門學派」也由此形成。

　　一四八三年，陳獻章五十五歲。因為得到兩廣總督朱英、廣東左布政使彭韶等的推薦，要上京應詔，為朝廷獻力。經過半載旅程，到達北京。那時已晉升為吏部尚書的往日與陳獻章存有矛盾的權臣尹昊，還心懷仇恨，盛氣凌人。陳獻章只好稱病，要求延期應詔。最

後，他寫了一份〈乞修養疏〉呈獻給憲宗皇帝，請求批准他回家侍奉年老久病的母親。皇帝被〈乞修養疏〉那篇文章感動了，覺得陳獻章不但學問好，而且孝義堪嘉，准許他回歸養母，還封贈他一個「翰林院檢討」的官銜。

陳獻章一生清貧，都御史鄧廷纘曾令番禺縣每月送米一石，他堅辭不受，說自己「有田二頃，耕之足矣」。又有按察使花巨金買園林豪宅送他，他也委婉回絕。以後，陳獻章就一直隱居，侍奉老母，繼續致力講學，培養了不少人才。後來身兼禮、吏、兵三部尚書職務的重臣湛若水，以及官拜文華閣大學士的名臣梁儲，都是他的入室弟子。其它弟子有李承箕、林緝熙、張廷實、賀欽、陳茂烈、容一之、潘漢、葉宏、謝祐等。

陳獻章在教學上誨人不倦，除講授經史文學等課程外，力創新旨，唯務實際，課餘時間，常與學生在曠野間練習騎馬射箭。陳獻章精擅詩文，工書法，善畫梅。他是明朝著名的詩人，留存各種體裁的詩作近兩千首。他的詩，格調很高。從他的詩文創作，可以證明陳獻章是一位善於運用「詩教」的名士。他的詩文著述，由他的學生輯成《白沙子全集》出版傳世。陳獻章的書法自成一家。他慣用自製的「茅龍」筆寫字。茅龍筆是以圭峰山長成的硬朗的茅草製成，字體蒼勁有力，別具風格。

陳獻章治學方式和思想體系很複雜，他的「自得之學」是以道為本，天心合一。他的哲學本體是「道」和「心」。陳獻章認為，要達到「道通於物」、「心即是天」的境界，要具備「虛明靜一」的涵養，不斷地涵養「道心」，最終達到精神的自在和自由。陳獻章的「靜坐」之說在當時就引發了思想界的爭論，褒貶不一。其實，陳獻章是將儒家、佛家、道家思想和修煉方式融成一體，創建了「江門學派」，樹

立了嶺南文化新風，開創了明代心學的先河，他的治學方式使明代的學術研究「始入精微」。但陳獻章的思想具有要求人們在觀念上遵守封建綱常的因素，同時他又「貴疑」，批判了宋儒的弊端，具有商品經濟對社會要求開放進步的因素。他的思想也是時代的產物。

一五〇〇年，陳獻章病逝於故土，終年七十二歲，諡號「文恭」。一五七四年，朝廷下詔建家祠於白沙鄉，並賜額聯及祭文肖像，額曰「崇正堂」，聯曰：「道傳孔孟三千載，學紹程朱第一支。」有「嶺南一人」、「廣東第一大儒」盛譽。

▌專家品析

陳獻章的一生充滿了坎坷與不平，幾次科舉不中，一身學問但仕途無望。他生活的年代，正是明朝初期嚮明中葉的歷史發展過程，他的大半生時光，是在王振弄權、土木之變、英宗復辟等社會動亂中度過的。

在當時，商品經濟有所發展，為封建社會注入新的發展機遇，而在這段時間，也是一個學術氣氛沉悶的時代，宋以來的程朱理學佔據了意識形態的統治地位，思想界如同一潭死水。而陳獻章在思想學說的創立，打破了程朱理學原有的理論格局，使明代的學術開始了新的階段。

▌主張或論著

陳獻章創立「白沙學派」，是明代「心學」大師，他的詩文別具

一格，而字畫也雄健有力。逝世後與歷代聖賢位列於孔廟之中，據考廣東省歷史人物之中，能從祭於孔廟的，只有陳獻章先生一人而已，故有「廣東第一大儒」、「嶺南一人」之譽。

35 心意知物，歸類一宗

—— 王畿·明

▌生平簡介

姓　　名　王畿。

別　　名　龍溪先生。

出 生 地　浙江山陰（今紹興）。

生 卒 年　公元一四九八至一五八三年。

身　　份　思想家。

主要成就　豐富了明代王學思維體系，
　　　　　提出「先天正心」之學。

▌名家推介

　　王畿（公元 1498-1583），中國明代思想家。字汝中，號龍溪，浙江山陰（今紹興）人，進士，曾任南京武選郎中之職。

　　他一生講學四十餘年。認為良知是當下現成，不用功夫修正。知識與良知有別，知識不是良知，但在良知的作用下可以變為知識。提倡四無說，修正王守仁的四句教，認為心、意、知、物，只是一事，若悟得心是無善無惡之心，則意、知、物俱是無善無惡，故主張從心體上立根，自稱這是先天之學。王畿為王門七派中浙中派創始人，著有《龍溪全集》二十卷。

▌名家故事

　　嘉靖二年，王畿因為考取進士落第，返鄉後跟從王守仁繼續學業。嘉靖五年會試，未參加廷試，協助王守仁指導學生，是王守仁最賞識的弟子之一。嘉靖八年赴京殿試，途中聽說王守仁病卒，於是，返回廣信料理喪事，服喪三年。嘉靖十三年中進士，官至南京兵部主事，曾任南京武選郎中之職，因為他的學術思想為當時首輔夏言所惡而被罷官。罷官後，來往江、浙、閩、越等地講學四十餘年。所到之處，聽者雲集，年過八十仍周遊不倦。

　　明代王學中人的核心念頭總離不開「心體」和「良知」。在王畿的思想中，「心體」與「良知」自然貫徹始終，在此基礎上，王畿進一步提出「先天正心」之學。「先天正心」意味著保有良善本體是基礎，既然心的本體應該是良善，那麼個體的道德自覺對於社會治理就有十分重要的價值。他繼承王守仁的衣缽，王畿認為，良知為世間萬事的根源，良知在這裏，不僅是一種道德意志和道德情感，甚至充當了宗教信仰的功能，人只要篤信良知和篤行良知，發掘和落實個體的道德意志和情感，將適合於任何場合，就連「君王治國」的政治問題，自然也包含其中。王畿的這一想法，是明代王學的一貫教人之法。王畿承續了王陽明的理想政治觀念，反覆稱道「萬物一體」作為最好的人間秩序的意義和可能性，王畿強調「萬物一體」的大同理想，強調儒學的意義追求是儒家學術的根脈。

　　王畿把政治上的王霸之道同人心的誠偽聯繫在一起考慮，這也是明代王學處理政治問題上的一個基本特質，即傾向於將各種外在事務都與主體的內在意志和情感關聯起來，通過以內釋外，所謂歷史上的「王霸之辯」完全可以用心學理論來解釋。在他看來，所謂王道就是

誠心，而霸道則是偽心。

為政之人，若能誠心而不為身外的毀譽利害所動搖，從容淡定，張弛有序，則能成就王道之治。若以偽心，則麻煩不斷，勞心勞力，為政者只得以各種手段應對政事，以刑罰來控制秩序，其中不免會捉襟見肘。可以想見，為政之人若陷於毀譽利害的斤斤計較中，陷於用一個謊言來圓另一個謊言的時候，不得不用多種刑罰威嚇來控制百姓時，那麼，國家的政事將難以維持。因此，在王畿看來，所謂「王道」就是因循心體根的本來面貌，而心體之本正是王學中一再強調的「良知」。另外，在王畿看來，政治問題有它的根本之處、機巧之處，根本在於良知學的興盛，而機巧在於人心的和暢。正是儒家學者這種不厭其煩的宣教，儒家的政治理想才能被傳遞下來。不過，在王畿的陳述裏，理想的王道政治中，「學」被放在了特殊的位置，人生事業都要圍繞「學」而展開。

「學」與「政」的糾纏是傳統士大夫人生軌跡中的絕大多數問題。在傳統士大夫的人生選擇中，往往會有「出」、「處」的困惑。「出」指出仕為官建功立業，「處」則意味著在鄉為民耕讀傳家。無論是主動的和被動的「出仕」，士大夫們總是希望以所學來為社會治理作出貢獻，而一旦歸隱山林或者仕途失意，「學」也就成了他們最好的寄託。因此，不管是朱熹的「得君行道」還是王學的「得民行道」，如何解決「學」與「政」之間的張力，往往會成為儒家知識分子人生中的一個問題。我們知道，王畿一生極短的時間入仕，在個人人生的道路上，王畿並沒有過多地糾纏於「政」與「學」的權衡考量，他提出將個人的功名利祿放下，才可真正的講學事業。王畿這種輕鬆灑脫，與王畿在理論上認識到「政學合一」有很大的關係。

王畿講「學」，一方面認為學術之明的重要性要比事業功利更加

重要；另一方面又強調「學」的目的和歸宿還是在社會事務上。王畿的「政學合一」論，於「學」而言，強調「學」必須有政治的追求和關懷；於「政」而言，強調「政」應該是「學」的深入和落實。我們認為，「政學合一」的思想，寄託了儒家知識分子以學入世的情懷，道盡了儒家學者心懷天下、學以致用的胸懷，同時表達了儒者對擁有政治資源的為政者的良好期望。

▌專家品析 ─────────

　　王畿不僅在中晚明的陽明學者中居於相當重要的地位，對日本陽明學的形成也有重要的影響。其良知觀一個重要的特點就是：作為道德實踐先天根據以及宇宙萬物本體的良知，已經被視為終極實在，從而成為信仰的對象。而龍溪的良知信仰論，不但在中晚明的陽明學者中產生了相當的迴響，更代表了陽明學宗教化的一個基本形態和主要取向。

▌主張或論著 ─────────

　　王畿對良知學的發明及其人生體驗，雖主要還是指向心性向度，然而他對王陽明哲學提出了相關政治問題的闡發，對我們理解作為整體的明代王學政治向度有著重要意義。

36 自治清苦，為政大體

—— 李贄 · 明

生平簡介

姓	名	李贄。
別	名	百泉居士。
出 生 地		晉江（今福建泉州）。
生 卒 年		公元一五二七至一六○二年。
身	份	思想家、史學家、文學家。
主要成就		提出「天之立君，本以為民」 主張，為民本思想先導。

名家推介

　　李贄（公元 1527-1602），初姓林，名載贄，後改姓李，名贄，字宏甫，號卓吾，別號百泉居士等。

　　他是明代官員、思想家、文學家，泰州學派的一代宗師。嘉靖三十一年舉人，曾經做過共城知縣、國子監博士，萬曆年間為姚安知府。後來棄官，在黃安、麻城一帶講學。晚年往來南北兩京等地，後來被誣陷下獄，自刎身死。著有《焚書》、《續焚書》、《藏書》等。

▌名家故事 ────────

　　嘉靖三十年，二十六歲的李贄中福建鄉試舉人。三十九年，受任南京國子監博士，數月後，因為父病故於泉州，回鄉守孝。隆慶四年，調任南京刑部員外郎，萬曆五年，出任雲南姚安知府，在公餘之暇，仍從事講學。李贄的二十多年的宦海生活，使他深感受人管束之苦。

　　李贄棄官後於萬曆九年春，應湖北黃安耿定理之邀，攜妻子女兒到耿家鄉黃安天台書院講學論道，住耿定理家中充當門客兼教師，但和耿定理做大官的哥哥耿定向意見衝突。耿定向在李贄看來是假道學的代表人物。萬曆十二年耿定理死去以後，李贄自然與耿定向不能相容，不可能再在黃安耿家住下去了。萬曆十二年十月，李贄從黃安移居麻城，因沒有地方居住而返回直到第二年三月才定居於麻城龍潭湖上的芝佛院。他從此安靜地讀書著作並講學。其思想集中體現了他揭露道學家們的偽善面目，反對以孔子的是非觀為是非標準，批判的鋒芒直指宋代大理學家周敦頤、程顥、朱熹，李贄，宣導去偽還真、真情實感的「童心說」。李贄在麻城還多次講學，抨擊時政，針砭時弊，各界男女前來聽講，並受到熱烈的歡迎。

　　萬曆三十年春二月，李贄七十六歲，遺言死後白布蓋屍，土坑埋葬。同年禮部給事中張問達按照首輔沈一貫的指使上奏神宗攻擊李贄，最終以妖言惑眾的罪名在通州逮捕李贄，並焚毀他的著作。李贄入獄後，三月十六日子時氣絕。東廠錦衣衛寫給皇帝的報告，稱李贄「不食而死」。

　　李贄在反對政治腐敗和宋明理學的過程中，形成了他的政治思想，主要體現在：

（一）主張個性解放，思想自由。李贄終生為爭取個性解放和思
想自由而鬥爭。他蔑視傳統權威，敢於批判權威。他認為
要獲得個性解放和思想自由，就必須打破孔孟之道及其變
種宋明理學的壟斷地位，衝破封建經典所設置的各種思想
禁區。李贄把鬥爭的矛頭首先指向孔丘，認為孔丘只是一
個普通人，他的話並不都是千古不變的道理，不能以他的
是非為是非，每一個人都應該自為是非。為了打破孔丘提
出的是非標準，李贄編寫了《藏書》和《續藏書》，用自
己的是非標準，重新評價了歷史人物。

（二）提倡人類平等。李贄認為，按照萬物一體的原理，社會上
根本不存在高下貴賤的區別。老百姓並不卑下，自有他值
得尊貴的地方；侯王貴族並不高貴，也有他卑賤的地方。

（三）反對封建禮教。李贄還對被封建統治者奉為金科玉律的儒
家經典進行抨擊，認為儒家經典的六經，如《論語》、《孟
子》並不都是聖人之言，是經過後人吹捧拔高形成的，不
能當做萬年不變的真理。他反對歧視婦女，他認為人們的
見識是由人們所處的環境決定的，並不是先天帶來的。

（四）反對理學空談，提倡功利主義。李贄揭露道學家的醜惡面
目，指出他們都是偽君子。他認為人類的任何舉動都有他
謀利和計功的目的。董仲舒「正其義」、「明其道」的宣
傳，也是以功利為目的的。從功利的觀點出發，李贄主張
富國強兵。他批評理學家高談闊論，故論玄虛，把天下百
姓之痛置若罔聞的行為。

（五）「至道無為」的政治理想。針對明王朝的腐敗政治，他認
為人類社會之所以常常發生動亂，是統治者對社會生活干

涉的結果。他理想的「至人之治」則是順乎自然，順乎世俗民情，對人類的社會生活不干涉或少干涉。

李贄的思想，在當時代具有進步的歷史觀，集中體現在：不以孔子是非為是非。李贄對《六經》、《論語》、《孟子》表示了極大的輕蔑，認為這些著作是當時懵懂弟子、迂闊門徒隨筆記錄，大半非聖人之言，即使是聖人之言，也只是一時所發，不能成為萬事的定論。反對歷史保守主義主張「與世推移」的歷史發展觀。認為春秋替三代，戰國代春秋都是一種正常的歷史發展現象。民本思想。雖然孟子早就提出「民為貴，君為輕，社稷次之」的主張，當在歷代統治者中，實際均未成為一種政治實踐。而李贄大膽提出「天之立君，本以為民」的主張，表現出對專制皇權的不滿，成為明末清初啟蒙思想家民本思想的先導。

▍專家品析 ─────────

李贄最痛恨維護封建禮教的假道學和那些滿口仁義道德的衛道士、偽君子。他指斥那些所謂的道學家們，李贄對程朱理學及衛道士們的揭露真可謂一針見血，字字珠璣，一語中的。

李贄對統治階級所極力推崇的孔孟之學也大加鞭撻。對封建禮教壓迫下的婦女，李贄給以深深的同情，他大聲疾呼，為婦女鳴不平。這是對傳統封建禮教的尖銳挑戰。對封建統治者殘酷壓榨魚肉人民的暴行，李贄加以無情揭露。

李贄哲學思想的形成經歷了從唯物主義到主觀唯心主義轉化的過程。李贄的認識論是建立在主觀唯心主義之上的先驗論，主張淵源於佛性的「生知」學說。

主張或論著 ——————

　　李贄以孔孟傳統儒學的「異端」而自居，對封建的男尊女卑、假道學、社會腐敗、貪官污吏，大加痛斥批判，主張「革故鼎新」，反對思想禁錮。

37 志士仁人，品德高潔
—— 傅山‧明

▌生平簡介

姓　　名　傅山。
別　　名　青主、公之它。
出 生 地　山西太原。
生 卒 年　公元一六〇六至一六八四年。
身　　份　名醫、文學家、書法家。
主要成就　以樸素的唯物主義哲學觀，
　　　　　對中國古代的辯證法進行了
　　　　　推動和發展。

▌名家推介

　　傅山（公元 1606-1684），初名鼎臣，字青竹，改字青主，又有真山、濁翁、石人等別名，漢族，山西太原人。明清之際思想家，著有《霜紅龕集》等。

　　他是一位博藝多才、重氣節、有思想、有抱負的著名人物。在太原地區乃至三晉大地幾乎是家喻戶曉婦孺皆知，頗受人民群眾擁戴。在整個山西乃至全國也稱得上聲名遐邇，彪柄於後世。

▌名家故事 ────────

　　清軍入關建都北京之初，全國抗清之潮此伏彼起，氣勢頗高，傅山渴望南明王朝日益強大，早日北上驅逐清王朝恢復明室，並積極同桂王派來山西的總兵宋謙聯繫，密謀策劃，積蓄力量，初定於順治十一年三月十五日從河南武安五汲鎮起義，向北發展勢力。然而，事情洩密，宋謙悄悄前往武安不久，就被清軍捕獲，並供出了傅山，於是傅山被捕，關押太原府監獄。拘押期間，傅山矢口否認與宋謙政治上的關係，即便是嚴刑逼供，也只說宋曾求他醫病，遭到拒絕。一年之後，清廷得不到傅山口供，沒辦法只好將他釋放。

　　清初，為了籠絡人心，滅除亡明遺老們的反清意識，雄才大略的康熙帝在清政府日益鞏固的康熙十七年頒詔天下，令三品以上官員推薦「學行兼優、文詞卓越之人」為朝廷所用。給事中李宗孔、劉沛先推薦了傅山。傅山稱病推辭，陽曲知縣戴夢熊奉命強行將傅山帶往北京。到北京後，傅山繼續稱病，臥床不起。清廷宰相馮溥和一干滿漢大員隆重禮遇，多次拜望誘勸，傅山靠坐床頭不理不睬。他既以生病拒絕參加考試，又被皇帝恩准免試、授封「內閣中書」之職時仍不叩頭謝恩。康熙皇帝面對傅山如此得舉動並不惱怒，反而表示禮賢下士。

　　傅山由京回返後，地方諸官聞訊都去拜望，並以內閣中書稱呼。對此，傅山低頭閉目不語不應，泰然處之。陽曲知縣戴氏奉命在他家門首懸掛「鳳閣蒲輪」的額匾，傅山凜然拒絕，毫不客氣。他仍自稱為民，避居鄉間，同官府勢若水火，表現了自己「尚志高風，介然如石」的品格和氣節。

　　傅山在思想學術領域的一個重大貢獻就是以樸素的唯物主義哲學

觀，對中國古代的辯證法進行了推動和發展，他提出的許多哲學命題、觀點、研究方法至今依然閃爍著他明睿的光彩。

首先，傅山在充分敬重儒家學說的創始人孔子的同時，提出了對後儒學的批判，傅山對孔子及先儒們承認其歷史地位，並肯定其在中國歷史進程中的偉大貢獻，吸收其閃光的思想精華，並發揚光大，把儒家的「道統」、「經」與諸子百家的「子」相對於平等地位，提出了「經子平等」。對宋明理學的教條主義以及唯心論的「理在氣先」和「存天理」、「滅人欲」等進行了無情的揭露和深刻的批判。

其次，傅山關注民生的政治思想，其中包含著許多近代啟蒙思想的萌芽，他提出的「天下為天下人之天下」、「人無貴賤」等反對專制、關注平民的民生思想·至今具有現實意義，值得我們學習。

最後，傅山反對封建傳統和反對封建倫理道德聯繫在一起，對「世儒」的所謂「禮」和主張的「三綱五常」之類的禮教對其虛偽性、滯後性進行了無情的批判和深刻的揭露。傅山主張提倡「兼愛」、「愛眾」、「利人」的新倫理道德觀，也是他具有啟蒙意義的政治思想的重要組成部分。

傅山的哲學思想，政治思想以及歷史觀點，具體地反映了我國十七世紀思想文化界的發展情況，傅山站在歷史的高度提出了自己閃爍光輝的思想，為歷史留下了豐富的精神文化遺產，當然由於歷史的局限，傅山還有許多迷信落後的觀點，但我們不能求全責備。傅山作為封建社會中的知識分子，一生中處處表現了堅韌不拔的戰鬥精神。他那種「富貴不能淫，貧賤不能移，威武不能屈」的品格和氣節，毫不愧對「志士仁人」的評價。然而，由於時代的局限和正統思想的作梗，他的愛國主義思想夾雜著濃厚的封建正統思想；他的民族主義思想無不打著大漢族主義的烙印，這些則應引起當今學者和研究者的注

視。

康熙二十三年初，傅山的愛子傅眉忽然去逝，年愈古稀進入風燭殘年的傅山悲痛異常，再也經受不得如此打擊，不久即撒手人寰，與世長辭，時年七十七歲。

傅山先生去世了，他的思想、他的學術成就永遠留在了人間，當之無愧地成為清初最傑出的學者和啟蒙思想家之一，梁啟超稱他的學問大河以北無人能及，並將他與顧炎武、黃宗羲、王夫之等人一起排入清初六大宗師行列。作為山西歷史上最偉大的一位學者，傅山可謂是一個世所罕見的全才，哲學、儒學、詩歌、書法、繪畫、金石、考據等等無所不通，並且都取得了傑出的成就，一部《霜紅龕集》使我們至今仍能領略他的博學多才。傅山還是一位懸壺濟世的醫學家，而且經常義務替人治病，傅山不僅留下了《青囊秘決》、《傅氏女科》等一系列醫學專著，而且民間流傳著許多他的行醫故事。傅山甚至還是一位武術家，寫過一部名為《傅氏拳譜》的武功秘笈，傅山本人輕財重義、豪爽豁達，頗有俠者風範。傅山最值得人們稱道，至今仍然熠熠發光的是他高山仰止的人格與堅定的民族氣節。

▌專家品析 ────────

在思想學術方面，傅山不僅可與顧、黃、王並駕齊驅，而且比他們思想更解放，在反對以道統自居的理學說教、衝破儒家傳統思想束縛方面，戰鬥精神和獨創性更強。他博覽經史子集，參研佛經道經，開創諸子學，精通音韻學與邏輯學，擅長金石遺文之學，確實無愧於同時代人的這種評價。

在文學藝術方面，傅山的詩文思想性、現實性極強，寫作不拘成法，任性直率，慷慨蒼涼，奇思逸趣，形成了獨特的藝術風格；書法無不精工，豪邁不羈，獨闢蹊徑，名滿天下。

▎主張或論著

傅山先生是明清之際最富特色的傑出思想家和偉大的愛國者，也是著名醫學家和書畫藝術大師。他是中國歷史上最了不起的平民大學者，傅山先生的哲學思想、愛國主義觀念、書畫藝術、醫學、佛教、道教、諸子學等學術著作，內容包括四大部分：傳記篇、鑒賞篇、醫學篇、紀念篇。代表作品有《霜紅龕集》、《兩漢人名韻》、《傅氏女科》、《青囊秘訣》。

38 欲去人望，倡存天理

—— 戴震・清

▌生平簡介 ————

姓　　　名	戴震。
字	東源。
出　生　地	徽州府休寧縣隆阜村。
生　卒　年	公元一七二四至一七七七年。
身　　　份	語言文字學家、哲學家、思想家。
主要成就	主持纂修了《四庫全書》。

▌名家推介 ————

　　戴震（公元 1724-1777），字東源，一字慎修，號杲溪，漢族，徽州府休寧縣隆阜（今屬黃山市屯溪區）人。

　　乾隆二十七年舉人，乾隆三十八年被召為《四庫全書》纂修官。乾隆四十年第六次會試落第，因學術成就顯著，特命參加殿試，賜同進士出身。戴震治學廣博，音韻、文字、曆算、地理無不精通。

　　他是清代著名語言文字學家、自然科學家、哲學家、思想家。他提倡個體為真實、批判程朱理學的思想，對晚清以來的學術思潮產生了深遠影響。戴震本人也被梁啟超、胡適稱為中國近代「科學界的先

驅者」。

▋名家故事 ─────────

　　戴震雖然博學多聞，名滿海內，但科舉考試對他來說卻比登天還難，直到四十時，才考中舉人。以後六次入京參加會試，但每次都名落孫山。畢竟科舉考試所需要的是能夠作八股文的「人才」，戴震的研究在經學、講訓詁方面，難免作出來的八股文多有一些學究氣，因而不被考官青睞。

　　由於屢試不第，戴震只好南下，主講浙江金華書院，這一年他已五十歲。乾隆三十七年，清高宗弘曆命各省督撫、學政購訪遺書，第二年開四庫館，修纂《四庫全書》。四庫館網羅了一大批著名學者，戴震當時已名重海內，連乾隆帝也風聞過他的大名。這時，紀昀、裘修等人在乾隆面前力薦，於是特召戴震入京，充任四庫館纂修官。

　　戴震進入四庫館後，參加了校訂群書的工作。當時由於大量書籍已經散佚，而明代所修《永樂大典》保存了大量的珍貴文獻，由此《四庫全書》中很大一部分書籍都需從《永樂大典》中取材。戴震於乾隆三十九年中做《水經注》的校勘工作，他共補充缺漏者二千一百二十八個字，刪掉一千一百四十八個字。該校本頗獲乾隆帝的嘉賞，當戴震把它進獻給他後，他龍顏大悅，這位愛附庸風雅的皇帝親自寫詩褒揚戴震。

　　即使進入了四庫館，戴震仍然沒有放棄作為一個讀書人的理想──考取功名。乾隆四十年，他已經五十三歲了，這年秋天，他去會試，但命運彷彿偏要捉弄這位名重一時的著名學者，他又一次落

第。這一回，乾隆皇帝格外開恩，准許他與本年貢士一起參加殿試，賜同進士出身，授翰林院庶起士。兩年以後，戴震在北京去世，終年五十五歲。

戴震一生的哲學思想集中體現在以下幾個方面：

（一）故訓名物、明道之具。明末清初著名學者顧炎武針對明代學風的流弊，提出「經學即理學」，戴震繼承了自顧炎武以來的學術傳統，加以發展，把「義理」建立在扎紮實實的考據基礎上。他強調「明道」的工具是踏踏實實的學問，而不是書本上的空談。他希望通過文字訓詁的功夫，了解儒家賢人聖人的「心志」，以恢復儒學的原旨，這是對宋明儒學的矯正。

（二）義理、考據、詞章。戴震在論學中多處涉及到義理、考據、詞章及三者間的關係，戴震的認識經歷了一個變化的過程。在早年，他把義理與考據加以分別，認為漢儒和後世儒家互有得失。到了晚年，他的學術思想已經成熟，他承認過去的言論有些偏激，重新確立了義理的地位，他承認義理最為重要，考據、詞章只不過是通向義理的手段而已。他的真正學術興趣是在義理方面，戴震所說的義理與宋儒的義理是不同的，他認為這種憑空臆說的所謂「義理」與聖人的大道相去甚遠。他主張在考據的基礎上重新發展儒家的義理之學。

（三）義理三書。戴震的「義理之學」集中體現在他的「義理三書」之中。這三種書就是《原善》、《緒言》和《孟子字義疏證》，在這《義理三書》中，戴震對儒家哲學體系做了新的解釋，他的目的是想通過對儒家哲學範疇的重新研究，

使這些範疇恢復它們的原始面目，從而抽出理學賴以建立的哲學基礎。

「義理三書」系統反映了戴震的天道觀、人性論和認識論。

他把理學家弄得神秘莫測的「道」用一句簡明扼要的話就說得清清楚楚，道並非程朱所說的「形而上」的東西，而是物質性的實體，即陰陽五行。整個宇宙就是一個「氣化流行、生生不息」的物質運動過程。可見，在天道觀上，戴震是明確的唯物論者。循此思路，戴震重新開發了「理」這個重要範疇。理學家將理與欲截然對立，戴震則認為理與欲是統一的，欲望的適當滿足即是理。

人性論。戴震不籠統地說性善、性惡，他區分出「欲」與「覺」，有天地然後有人物，有人物才可分辨出心性。人與物同有欲，人與物同有覺，自然欲望與道德理性都是人性中的兩個方面。戴震在承認人性中包含著自然欲望與道德理性兩方面的前提下，推論出仁、智等道德規範並非外來的東西，而是出於人性的自覺，因此，道德規範應該照顧到人性的兩個方面，不能只強調「天理」而否認「人欲」。

認識論。戴震認為，人類具有認識外在事物和道德自覺的能力。這就是說，作為自然規律的理和作為道德規律的理，和味與聲色一樣，都是客觀的，可以被人類所認識。戴震的認識論不同於理學家，程朱理學家表面上也說「即物窮理」、「格物致知」，實際上是即心窮理，並不重視外在實踐。

（四）對理學的批判。在理學統治下，它成了尊者、長者、貴者

用來壓迫卑者、幼者、賤者的工具。本來，先秦儒家雖然
強調尊卑貴賤的等級秩序，但設計的是一種君仁臣忠、父
慈子孝、上下和樂的理想社會，不提倡單方面的道德義
務。君不仁，臣可以不忠；父不慈，子可以不孝。程朱理
學在維護「名教」的幌子下，片面強調單方面的義務，幹
出了「以理殺人」的勾當，這是違背原始儒學精神的。戴
震對程朱理學進行了最痛切的批判，並通過自己的學術建
樹，建立了一套反對理學、向原始儒學回歸的人道哲學。
這就是戴震思想體系在中國儒學發展史上的意義。

▌專家品析 ────────

　　戴震是清代最具個性的儒學大師，他在學術上、思想上的卓越建
樹，對他生活的時代以及後世都產生過巨大的影響。程朱理學統治思
想界達數百年，後世人們不知其與異教相差無幾，反而把它作為金科
玉律，信奉不疑，惑亂人心，危害百姓。因此，是戴震站出來和他們
展開了一場曠世的辯論。

　　戴震的哲學，從歷史上看來，可說是宋明理學的根本革命。戴震
在批判宋明理學的基礎上，主張治學須回歸儒學原旨，重建儒家人
學，在中國儒學史上佔有重要地位。

▌主張或論著 ────────

　　戴震是在批判程朱理學的基礎上建立自己的哲學體系的。在「義

理三書」中，他對儒家哲學範疇進行了重新闡釋，以清除程朱理學家
的謬說。除了在天道觀、人性論和認識論各方面進行了系統論辨外，
還從社會哲學方面對理學進行了批判。

39 革除弊政，改良先驅

—— 龔自珍・清

▍生平簡介

姓　　名　龔自珍。

別　　名　羽琌山民。

出 生 地　杭州。

生 卒 年　公元一七九二至一八四一年。

身　　份　思想家、文學家。

主要成就　提出改良主張，影響深遠。

▍名家推介

　　龔自珍（公元 1792-1841），字爾玉，又字璱人，漢族，仁和（今浙江杭州）人。清代思想家、文學家及改良主義的先驅者。

　　他曾任內閣中書、宗人府主事和禮部主事等官職。主張革除弊政，抵制外國侵略，曾全力支持林則徐禁鴉片。四十八歲辭官南歸，次年暴卒於江蘇丹陽雲陽書院。

　　他揭露清統治者的腐朽，洋溢著愛國熱情，被柳亞子譽為「三百年來第一流」。著有《定庵文集》，留存文章三百餘篇，詩詞近八百首，著作《龔自珍全集》，著名詩作《己亥雜詩》共三百五十首。

▌名家故事

　　龔自珍在科舉仕途上並不順利。他在十九歲時首次應鄉試，只中
了個副榜貢生，直到二十七歲時，他第四次應鄉試，才中了舉人。以
後，他多次考進士，連連落第，直至道光九年，三十八歲時，才勉強
中了個進士。因此，他始終只做了內閣中書、宗人府主事、禮部主事
這樣一些閒散的小官職，而且還不斷受到當權保守派的排斥，他的遠
大抱負也因此沒有可能付諸實施。但是，他始終關心著國家的政事，
並願意為振興國家而貢獻自己的力量。

　　一八三八年冬，林則徐動身前往廣州查禁鴉片。臨行前，龔自珍
寫信給他送行，表示堅決支持他的禁菸主張，並且提出了許多積極的
建議，不僅如此，他還要求跟隨林則徐一起南下，為禁菸效力。然而
由於受到當權者的阻擾而未能成行。一八三九年，他被迫辭官，但仍
十分關心時局。當林則徐在廣州虎門銷毀鴉片後，積極進行抗禦英國
侵略者武裝進攻的時候，他還特意寫了一封信，提出對敵作戰的策
略，曾寫了一首詩表示：「故人橫海拜將軍，側立南天未蕆勳。我有
陰符三百字，蠟丸難寄惜雄文。」不幸的是兩年之後龔自珍就逝世
了，鴉片戰爭後中國社會所發生的重大變化他未能看到。

　　龔自珍以敏銳的洞察力看到了封建社會的沒落。他指出，自乾隆
末年以來，社會風氣十分腐敗，龔自珍已意識到自己生不逢時，已是
清王朝封建統治氣數已盡之時。他預示了一種新的反封建的力量正在
興起，一場推翻清王朝封建統治的風暴正在醞釀，即將來臨。

　　關於清王朝封建統治岌岌可危的原因，龔自珍也做了一定的分
析。他指出，邊防的不鞏固，外國資本主義勢力的侵入，其中尤其是
英國資本主義勢力的侵入對清王朝有極大的危險。龔自珍認為，清王

朝封建統治的衰落，其主要原因還是封建制度中本身所存在的問題，在這些問題中，又以官吏的腐敗無恥和君主的極端專制最為嚴重。

龔自珍還認為，由於官吏們只求保住自己的地位，而在政事上則只知一味地趨附，而喪失了他們獨立的人格，甚至淪為無恥之徒。龔自珍又指出，官吏、士大夫的這種無恥，不應當只責怪他們，其根源是在於君主的極端專制。他認為，天子率領百官共治天下，龔自珍的這番議論在當時是相當大膽的，在一定程度上觸及了封建君主專制主義的要害。

龔自珍從清王朝封建統治所面臨的嚴重社會危機中，看到如不對當時社會的法制、風氣等進行改革，清王朝的封建統治將危在旦夕，無異是對清王朝統治者發出的警告，告訴統治者，如果你不自動改革弊政，這個王朝必將覆滅。如何來改革當時社會存在的那些弊政？龔自珍也提出了一些具體的設想。如在防止外國資本主義勢力侵入方面，他提出了嚴禁鴉片、限定通商口岸和商品種類、鞏固邊防等。而在內政方面，他早年曾提出了「平均」的主張。他認為，社會不安定是由於貧富的不均造成的。但是，他沒有也不可能看到，貧富的不均和對立僅僅是一種現象，造成封建社會貧富對立的根源則是封建的土地佔有制度，是封建地主階級對勞動農民的殘酷剝削，因而整個社會是建立在階級對抗的基礎上。龔自珍當然不可能認識到這一點，而他只是認為，造成社會貧富不均的根源是人心世俗不古、不平，尤其為君者的「王心」的不平。他說，在上古時代，沒有貧富的差別，以後雖有差別，但人們也還能各安其所得，天下也尚能相安無事。他主張一定要改革當時任用人才中所存在的那些弊政，提出了改革科舉制度，當然，在這個問題上龔自珍過分誇大人才的作用，把人才看成是社會興衰的根本關鍵，而不去觸動社會制度，最終還是陷入一種唯心

主義的歷史觀。因為人才的造就，人才作用的能否發揮是與社會經濟、政治制度分不開的。人才在歷史的發展中是有重要作用的，但歸根結底是「時勢造英雄」，而不是「英雄造時勢」。不過，龔自珍對人才遭遇的感慨是針對當時那些不學無術的腐朽官吏而發的，同時也在一定程度上反映了當時時代對人才的需求。

龔自珍在探求社會改革的過程中，也曾探討過一些哲學理論問題。由於他比較強調人才的作用，重視人事努力，因此他對傳統的天人感應論的唯心主義理論曾有激烈的批判。但又由於他只是強調人心的變化，個人的奮鬥精神，他的整個思想仍然是唯心主義的。

龔自珍最初從性「無善無不善」的觀點出發，是堅決地反對宋明理學家把「情」看作是萬惡「人欲」的說法。他認為，「情」是屬於人的「自然」本性中的東西，是與生俱來的，是一種自然、真實的感情，因而也是「無善無不善」的。在他看來，對於這樣一種自然的、真摯的感情，不應當抑制它、剷除它，相反應當寬容它、尊崇它。

縱觀龔自珍的生平和思想，他並沒有能夠完全衝破封建時代和地主階級的局限。但是，他在那個時代，以極大的愛國熱忱，開創關心國家政事、議論政事的新風氣；敢於揭露封建制度的腐朽，預言社會改革的必要性，而改革又必需不拘一格地重用人才，等等，這在當時沉悶的封建社會裏，無異是一聲春雷，催人深醒。他作為我國十九世紀上半葉地主階級知識分子中的有識之士，留下的政論和詩作都對當時和以後的愛國志士和進步思想家有著很大的影響。

▌專家品析

　　龔自珍對當時封建制度所以沒落的原因的分析，觸及了一些重要的東西，如政治制度上的專制主義等，但總體來講，還是膚淺的、表面的。他並不能從整個封建制度的經濟基礎的變化上來分析封建制度的沒落，因而，他也沒有能看到一種新的社會經濟、政治、階級力量正在封建社會內部發展起來。他揭露封建社會的種種弊病和危機，目的也還是要補救這些弊病，使封建社會得以重新振作起來。這是他所處的時代和階級無法擺脫的局限性。

　　因此，可以說龔自珍為醫治封建經濟危機所提出的一些改革主張，僅是他主觀上的一些良好願望而已，而在實際上是無法實行的。這比起他對封建制度腐朽沒落的尖銳揭露和批判來說，是遜色多了。

▌主張或論著

　　龔自珍在哲學上，提倡「性無善與不善」之說，反對孟子性善論和荀子性惡論，認為「自古及今，法無不改，勢無不積，事例無不遷，風氣無不移易」，強調萬事萬物都處於變化之中。

40 師夷之長，技以制夷
—— 魏源‧清

生平簡介

姓　　名　魏源。

字　　　　默深。

出 生 地　湖南邵陽隆回。

生 卒 年　公元一七九四至一八五七年。

身　　份　思想家、政治家、文學家。

主要成就　睜眼看世界第一人。

名家推介

　　魏源（公元 1794-1857），名遠達，字默深，又字墨生、漢士，號良圖，漢族，湖南邵陽隆回人。

　　他是清代啟蒙思想家、政治家、文學家，近代中國「睜眼看世界」的先行者之一。道光二年舉人，二十五年中進士，官任高郵知州，晚年棄官歸隱，潛心佛學，法名承貫。魏源認為論學應以「經世致用」為宗旨，提出一系列的變法主張，宣導學習西方先進科學技術，總結出「師夷之長技以制夷」的新思想。

▋名家故事 ─────

　　道光九年，魏源應禮部會試，與龔自珍雙雙落第，從此龔魏齊
名。後來，魏源被任命為內閣中書舍人候補，內閣藏書豐富，他目睹
江華瑤民起義，深感清政權的腐敗，道光二十年爆發了鴉片戰爭，外
國侵略危機使他更加憤激，進一步激發了他的愛國熱情。

　　道光二十一年，魏源進入兩江總督府，直接參與抗英戰爭，並在
前線親自審訊俘虜。後見清政府和戰不定，投降派昏庸誤國，憤而辭
歸，立志著述。道光二十二年完成了《聖武記》，敘述了清初到道光
年間的軍事歷史及軍事制度。

　　道光二十四年甲辰，魏源再次參加禮部會試，中進士，被任命為
江蘇東臺、興化知縣，期間改革鹽政、築堤治水。他依據林則徐所輯
的西方史地資料《四洲志》，參照歷代史志、編成《海國圖志》五十
卷，後經修訂、增補、到咸豐二年成為百卷本。它囊括了世界地理、
歷史、政制、經濟、宗教、曆法、文化、物產。對強國禦侮、匡正時
弊、振興國脈之路作了探索。提出「以夷攻夷」、「以夷款夷」，和
「師夷之長技以制夷」的觀點，主張學習西方製造戰艦、火械等先進
技術和選兵、練兵、養兵之法，改革中國軍隊。為了捍衛中國的獨立
自主，他號召「以甲兵止甲兵」，相信中國人能戰勝外國侵略者。他
提倡創辦民用工業，允許私人設立廠局，自行製造與銷售輪船、火器
等，使國家富強。他主張革新的主張，實為近代中國改良思想的前
驅。對清王朝長期無視世界大事，夜郎自大，固步自封，封關鎖國的
閉關政策和媚外求和的路線予以犀利的批判。

　　咸豐元年，魏源任高郵知州，工作之中整理著述，咸豐三年完成
了《元史新編》。他也年逾六旬，遭遇坎坷，感覺世道混亂而辭去官

位。晚年，潛心學佛，法名承貫，著有《淨土四經》。咸豐七年三月
初一日卒於杭州東園僧舍。終年六十三歲，葬杭州南屏山方家峪。

　　魏源是一個進步的思想家、史學家和堅決反對外國侵略的愛國學
者。他積極要求清政府進行改革，強調經濟領域的改革，在鴉片戰爭
前後提出了一些改革水利、漕運、鹽政的方案和措施，要求革除弊端
以有利於國計民生，這些主張不僅在當時具有進步意義，對於後來的
資產階級變法維新運動起了積極的推動作用。

　　魏源堅決反對西方資本主義的侵華活動，提出了反侵略的主張與
辦法。他對人民群眾的力量有一定的認識，同林則徐「民心可用」的
觀點相一致，提出「義民可用」的主張。為了有效地進行抵抗，他反
對「浪戰」，而主張「以守為戰」。他總結鴉片戰爭的經驗教訓，提
出「自守的策略：一守外洋不如守海口，守海口不如守內河；二調客
兵不如練土兵，調水師不如練水勇」，主張採取誘敵深入的策略，以
殲滅來犯者。這種相信熟悉情況的當地人民群眾，發揮他們的長處和
抗敵的積極性來組織反侵略武裝力量，並採取機動靈活的戰略戰術，
是切合於當時敵強我弱，敵寡我眾的客觀實際的，也是完全可行的。
中國有著豐富的礦藏和資源，具有自己的有利條件。他相信中國人民
有能力掌握西方的新式生產技術，可以逐步做到「不必仰賴於外
夷」，指出只要經過努力，若干年後，中國一定能富強起來，趕上並
超過西方資本主義國家。

　　魏源不僅主張學習西方的先進生產技術，而且也很推崇資本主義
國家的民主制度。在封建專制制度長期統治下的當時中國，敢這樣讚
美沒有君主和皇帝的政治制度，不能不說是很有膽識的見解。

　　在賦稅問題上，魏源主張培植和保護稅源，他指責苛重稅斂，認
為重稅破壞了納稅人的財產，也就破壞了國家賴以生存的基礎。魏源

主張國家利用賦稅手段保護工商業的發展，他強調的富民主要是指工商業者，提出這一思想，有助於民族資本主義在中國的發展。魏源還對生產經營成本高低的原因及其對財政稅收的影響做了一定的分析，例如他認為鹽業應當允許個人憑票運銷，這樣可以大大降低成本從而降低價格，結果是既可促進食鹽銷售，抵制走私，又可增加國家的鹽稅收入。魏源的這一觀點在我國十九世紀以前的經濟思想中是極為罕見的。魏源留給後人的一句名言是「師夷長技以制夷」。

▍專家品析

　　魏源同林則徐一樣，是鴉片戰爭時期「睜眼看世界」最有眼光的人物。他既堅決反抗侵略，又重視了解和學習西方的科學技術，作為對付侵略的重要方法。

　　他在《海國圖志》中很好貫徹並發揮了林則徐了解和學習西方的思想和做法，提出了「師夷長技以制夷」的正確口號，認為學習西方的「長技」提高到關係國家民族安危的大事來認識，使之在當時社會上發生了震聾發聵的重大影響。

　　他針對當時封建頑固派把西方先進的工藝技術一概認為是無知，他指出有用之物必須認真加以學習，而不能盲目自大，自甘落後，為此，他提出一套具體方案，不但包括了官辦軍事工業，改進軍隊武器裝備的內容，而且提出了興辦民用工業，允許商民自由興辦工業的主張。

▌主張或論著 ────────

　　《海國圖志》這本書集中體現了魏源「經世致用」的思想。這本書是近代第一部由中國人自己編的介紹世界各國國情的著作，包括了政治、經濟、軍事、歷史、地理、文化等各方面，而且在書中魏源還重點介紹了自己抵抗侵略、民族自強的重要思想。

41 改良先驅，中體西用
—— 馮桂芬 · 清

生平簡介

姓　　名	馮桂芬。	
字	林一；號，景亭。	
出 生 地	吳縣（今江蘇蘇州）。	
生 卒 年	公元一八〇九至一八七四年。	
身　　份	思想家、散文家。	
主要成就	改良主義的先驅人物，最早表達了洋務運動「中體西用」的指導思想。	

名家推介

　　馮桂芬（公元 1809-1874），字林一，號景亭，吳縣（今江蘇蘇州）人。道光二十年進士，授編修，咸豐初年辦地方民團，同治初，入李鴻章幕府。少年攻讀駢文，中年後致力於古文，尤其提倡經世致用之學。在上海設方言館，培養西學人才，先後主講金陵、上海、蘇州等書院。

　　他是晚清思想家、散文家。曾師從林則徐，是改良主義的先驅人物，他最早表達了洋務運動「中體西用」的指導思想。著有《校邠廬

抗議》、《說文解欄位注考證》、《顯志堂詩文集》等。

▌名家故事 ─────

　　馮桂芬道光十二年參加鄉試，考取舉人。林則徐任江蘇巡撫時，認識了素昧平生的馮桂芬，稱他為「百年以來僅見」的人才，並招入撫署讀書，收為學生。他參加道光二十年庚子科禮部試、殿試，欽賜一甲二名進士及第，授翰林院編修。道光二十三年，他任順天鄉試同考官。道光二十四年五月，馮桂芬為廣西鄉試正考官。道光二十四年，組織廣西鄉試，道光二十八年，馮桂芬重返京城。

　　咸豐三年，太平天國於南京建都，他則被指派於南京附近的蘇州，協助組織軍隊與太平軍對抗。咸豐十年，太平軍攻下蘇州，兵敗的他前往上海，並繼續參與李鴻章的湘軍以鎮壓太平天國運動，之後協助李鴻章，以英美兵器經驗自創淮軍。在此期間，他完成了政論代表作《校邠廬抗議》四十篇，他的主張對洋務派有很大影響，被資產階級維新派奉為先導。

　　清軍奪取蘇州、常州後，他於同治元年力請李鴻章奏請皇上，削減蘇南田賦，最後朝廷同意蘇州、松江、太倉三州府減稅三分之一，常州、鎮江府減稅十分之一。馮桂芬晚年移居木瀆後，在家開纂修成《蘇州府志》一百五十三卷。他曾先後主講南京惜陰、上海敬業、蘇州紫陽各書院約二十年。他除了對經史掌故之外，在天文、輿地、算學、小學、水利、農田，都有造詣，並對當時的河漕、兵刑、鹽鐵等問題都有研究。論學不為門戶之爭，能接受資本主義影響，主張「採西學」，「製洋器」。馮桂芬後卒於木瀆寓所，葬在天池山北竹塢雞窠

嶺，木瀆現闢有「榜眼府第」。蘇州紳民為他立祠奉祀。在他去世後，光緒九年《蘇州府志》付梓出版。

馮桂芬受顧炎武的學術思想影響，十分尊重敬仰顧炎武。每次到達京城，必前往顧炎武祠祭奠。馮桂芬自己相信兩種操守：第一，是萬鍾粟千匹馬也不能改變他的節操。第二，是私下自謂：不居人之下。在人們眼裏，他永遠是個文人學士，不憑官位對待他人。

馮桂芬做學問講求以有用為主，做文章主張沒有空話。他論述改革政治的道理，確實能夠闡明古代先人統治的哲理精神，而甄別理論和實際的過失。馮桂芬的思想，上接林、魏，下啟康、梁，其意義不單單只是「求西學、思變法」的一脈相承，而在於他率先提出了消解現代化過程中的中西、古今矛盾的方法，思想根基在於中國文化中的見賢思齊、剛健有為的傳統，是從中國文化本土生長出來的、可以導致中國文化與時俱進的極其寶貴的思想，也是中國文化具有強大生命力的生動體現。

馮桂芬在第二次鴉片戰爭時期，更加全面地論述了向西方學習問題。他繼承了林則徐、魏源的傳統，肯定了「師夷長技以制夷」的口號，主張學習西方的軍事工業。不過，軍事工業只是他學習的一個方面。馮桂芬又明確提出在農、工業生產中採用機器的主張。究竟夷之長技有哪些？馮桂芬的認識比魏源有較大的進步，他總結出中國五個方面不如西方。除了認識到船堅炮利不如西方外，還認識到「人無棄才不如夷，地無遺利不如夷，君民不隔不如夷，名實必符不如夷」。這裏馮桂芬除了在技術方面外，還提出了「君民不隔」問題，這是很可貴的。馮桂芬提出了「自強攘夷」的主張。

馮桂芬非常強調中國自己掌握新式技術，這裏包含著發展中國家在向發達國家學習中必須自己掌握經濟命脈，才能確保獨立的思想。

這個思想，對於今天第三世界各國在同發達國家打交道同樣有借鑒意義。

馮桂芬對清朝的腐敗統治有所不滿，建議改革時政。他重視西方經世致用的學問，主張採用西學、製造洋器，他以中國的倫常名教為本，輔助以西洋各國富強新術。他的思想理論對洋務派有很大影響，同時也被資產階級改良派奉為先導。

馮桂芬去世以後，他的治國理論，如裁減冗員、精制規則、改變科舉、廣納取士、採用西學、製造洋器等等評議，全都被朝廷甄別、採納，大部分得以施行。

▌專家品析

馮桂芬人品方正，舉止嚴肅，清心寡欲，摒棄安逸。入朝為官初期，林則徐在江蘇做巡撫，就看重馮桂芬，認為他是國家的人才。在林則徐編輯西北水利的書籍時，馮桂芬參與編校工作。

他曾經輔佐陶澍，以及做李鴻章的幕僚；建立會防局，調和中外，處於清王朝內外交困之際，馮桂芬是最富治世之才的學者之一。馮桂芬遇事奮發，不避勞怨，做官雖僅十年，凡是漕河，建學，積儲各項政策，以及條議等等皆出他之手。馮桂芬著述頗豐，其中《校廬抗議》二卷，關於改革腐敗時政的見解，切中要害，顯示了馮桂芬熟諳西洋事務和他的進步思想。因此該書尤為世人所重。

▍主張或論著 ————

　　馮桂芬著有《校邠廬抗議》、《兩淮鹽法志》、《說文解欄位注考證》十六卷、《弧矢算術乞田草圖解》、《西算新法直解》、《顯志堂詩文集》十二卷、《使粵行記》、《兩淮鹽法志》等書，成卷數以百計。

42 盛世危言，商戰理論

—— 鄭觀應 · 清

生平簡介

姓　　名	鄭觀應。
字	正翔；號，陶齋。
出 生 地	廣東香山。
生 卒 年	公元一八四二至一九二一年。
身　　份	思想家、實業家、教育家。
主要成就	編撰《盛世危言》、提出「商戰」理論。

名家推介

　　鄭觀應（公元 1842-1921），本名官應，字正翔，號陶齋，別署羅浮偫鶴山人等，祖籍廣東香山縣（今中山市）三鄉鎮雍陌村。

　　他是中國近代的早期資產階級改良派思想家、愛國民族工商業家。中國近代最早具有完整維新思想體系的理論家，揭開民主與科學序幕的啟蒙思想家，也是實業家、教育家、文學家、慈善家和熱忱的愛國者。其主要著作《盛世危言》，曾對中國思想界產生過很大影響。

▌名家故事 ————————

　　光緒六年，編定刊行鄭觀應反映改良主義思想的《易言》一書，鄭觀應書中提出了一系列以國富為中心的內政改革措施，主張向西方學習，組織人員將西方國富強兵的書籍翻譯過來，廣泛傳播於天下，使人人得而學之。並主張採用機器生產，加快工商業發展，鼓勵商民投資實業，鼓勵民辦開礦、造船、鐵路。鄭觀應在《易言》中還大力宣揚了西方議會制度，力主中國應實行政治制度的變革，實行君主立憲制。

　　光緒十年，中法戰爭爆發，彭玉麟與兩廣總督張之洞籌畫襲擊法軍糧草儲存地西貢，派鄭觀應潛往越南西貢、柬埔寨金邊等地偵察敵情，並聯絡南洋各地人士襲擊法軍。回到廣州後不久，法國艦隊進攻臺灣，鄭觀應建議與法軍決戰，隨即去香港租船，向臺灣運送軍隊和糧草彈藥。與此同時，鄭觀應被織佈局案和太古輪船公司追賠案所纏繞。將鄭觀應扣留於香港追索賠款。經過這兩件案子，鄭觀應已是心力交瘁。於是他退隱澳門，將全幅精力用於修訂重寫《易言》，直至光緒二十年，一部體現他成熟而完整維新體系的《盛世危言》終於問世。

　　鄭觀應一生從事工商業活動。鄭觀應主張實行保護關稅政策，他主張收回關稅自主權，以促進我國民族工商業和對外貿易的發展。他認為清朝進口關稅稅率太低。他還借鑒西方印花稅制，提出以印花稅代替釐金稅的設想。

　　鄭觀應經濟思想的核心是他的商戰理論。努力追尋商戰近代意義並反覆加以論證者，是從鄭觀應開始的，他把外國資本主義的侵略手段歸結為軍事侵略和經濟侵略，並認為後者比前者更為隱蔽、更有威

脅性，因而中國在反侵略方面也應該把反對經濟侵略放在比反對軍事侵略更為主要的地位。鄭觀應是甲午戰爭前後風靡一時的「商戰」論的主要代表者，進行「商戰」，就是從傳統的農耕經濟轉變到現代工業經濟，從傳統的自給自足的自然經濟轉變到現代市場經濟。商戰必須根本改變傳統的賤商觀念和士農工商等級結構，充分肯定現代企業家在社會發展中的主導作用。商戰尤其需要造就一大批現代商務人才，即現代企業家與行政管理者，他們都能按照世界範圍內行之有效的規則不斷推進工商業的發展。為改變這一狀況，全面提高工商業者及相關行政管理者一的素質，鄭觀應要求在中央在六部之外特設商部，分設商務局於各省水陸通道，由素有聲望的紳商為局董，支撐和保護工商業者發展實業，同時，於各府、州、縣設之商務公所，由工商業者自行選舉商人董事。在鄭觀應這裏，「商戰」有著非常明確的近代意識。

鄭觀應的教育理論認為：首先應當廣建學校，首先解決普及義務初等教育問題。然後，通過通商院、實學院、技藝院深造，傑出者再入太學院學習。鄭觀應提出更要全面改變教學內容，以改變人們的知識結構和思想觀念。興辦各種報章雜誌，出版各種圖書，建立一大批報社和圖書館，成為進行社會教育的重要組成部分。

鄭觀應通過對西方近代自然科學和社會管理科學的吸收，從事借用中國某些傳統形式來變革中國傳統哲學的嘗試，他的世界觀具有若干近代哲學的特徵，為中國哲學史增添了新內容。在本體論方面，鄭觀應首先提出帶有西方近代自然科學色彩的「道」範疇，並把「道」歸結為物質性實體，從而閃爍著機械唯物主義的光芒。同時他又把倫理道德規範的「中」作了非科學的抽象，並把這個抽象化了的「中」也規定為「道」的內涵，因而其哲學變革還深受著根深蒂固的傳統思

想的束縛。

在認識論方面，鄭觀應對中國傳統的名實關係、知行關係等理論，賦予了西學的內容，主張學以致用，行而後知。在發展觀方面，鄭觀應提出了具有新學內容的人的主觀能動性以及常與變等問題。他從意識對物質的反作用出發，認為人既能改造自然，也可仿行西法，從事於對社會的改造。在常與變的問題上，鄭觀應提出西為中用的命題，在發展觀上具有著質變的意義。鄭觀應哲學是中國資產階級哲學發展的開端，在中國近代哲學中上具有重要的地位，並對後來的嚴復、康有為、譚嗣同、孫中山產生直接的影響。

▌專家品析 ───────

鄭觀應，在眾多中國近代史與中國近代思想史著作中，都被作為早期改良主義思潮代表人物之一而加以歷史定位。在中國早期現代化進程中，鄭觀應也是一位從事近代實業開拓、經營、管理的實業界前驅；在中國啟蒙運動發展中，鄭觀應又名副其實地是一位最先全面觸及啟蒙思潮各項基本問題的啟蒙運動前驅。

作為實業家，鄭觀應的啟蒙思想醞釀、成形和發展，具有自己親身實踐的豐富經驗與堅實基礎；作為啟蒙思想家，鄭觀應的實業活動具有明晰的目標與開闊的視野。

▌主張或論著 ───────

鄭觀應的《盛世危言》貫穿著「富強救國」的主題，對政治、經濟、軍事、外交、文化諸方面的改革提出了切實可行的方案。

43 民主革命，樸學大師

—— 章炳麟・清

▌生平簡介

姓　　名　章炳麟。

號　　　　太炎。

出 生 地　浙江餘杭。

生 卒 年　公元一八六九至一九三六年。

身　　份　民主革命家、思想家、樸學
　　　　　大師。

主要成就　與蔡元培等合作發起光復會、
　　　　　主編同盟會機關報《民報》。

▌名家推介

　　章炳麟（公元 1869-1936），字枚叔，初名學乘。後改名絳，號太炎。漢族，中國浙江餘杭人。他是清末民初民主革命家、思想家、中國近代著名樸學大師，著名學者，研究範圍涉及小學、歷史、哲學、政治等等，著述甚豐。

　　魯迅先生稱自己的老師章炳麟是一個革命者，其次才是一個大學問家。他張揚國粹，堅決而激烈地反抗權威和反抗一切束縛。他是一個道德主義者，強調道德的力量，卻反對社會對個人的壓抑，主張個

性的絕對自由。

▍名家故事 ────────

　　章炳麟幼年受祖父及外祖的民族主義思想薰陶，通過閱讀《東華錄》、《揚州十日記》等書，不滿於清朝的異族統治，奠定了貫穿他一生的華夷觀念，並與西方的現代民族主義觀點相結合，形成具有個人特色的民族主義觀。光緒十七年章炳麟入杭州詁經精舍，開始關注經史子集的國學，初步確立對「今、古文」界線的認識。

　　一八九四年中日甲午戰爭之後，章炳麟曾為強學會捐款，和康有為、梁啟超通信。又到上海任《時務報》主筆。但終因學術意見之爭而後回到浙江，與較為穩健的「中體西用」派王文俊、宋恕等人往來。一八九七年任《時務報》撰述，因參加維新運動被通緝，流亡日本。一八九八年春，應張之洞之邀赴武漢辦報。戊戌政變後，章炳麟又遭通緝，避難到了臺灣，任《臺灣日日新報》記者。一八九九年夏，東渡日本，與梁啟超等人修好，返回上海參與《亞東時報》編務工作。一九〇〇年義和團事件發生後，晚清革新派的士大夫嚴復、汪康年、唐才常等在上海組織「中國議會」以挽救時局，章炳麟應邀參加。在會上，章炳麟主張驅逐滿、蒙代表，並割辮明志。

　　一九〇二年章炳麟再次逃亡日本，在梁啟超《新民叢報》館與孫中山結交，極力撮合孫、康兩派的關係。同時通過日本的中介，接觸到西方哲學、社會學、文字學等領域的學術著作。當年夏回國後，重新改定《訄書》，並有撰寫《中國通史》的計劃，與梁啟超同為現代中國「新史學」的奠定者。此期間，他參加上海愛國學社。一九〇三

年，發表《駁康有為論革命書》，指斥清帝，又為鄒容《革命軍》作序，於是發生了震驚中外的「蘇報案」，章炳麟入獄三年。出獄後一九〇六年他赴日本參加同盟會，繼任《民報》主筆，主持《民報》與《新民叢報》的論戰。此期間，章炳麟主張「以國粹激勵種性」，「以宗教發起熱情」，他《民報》上的文字，乃是以佛理說革命，主張「革命之道德」。撰有《中華民國解》，為「中華民國」國號的創始者。並參與興起的國粹主義運動，自一九〇五年起，在《國粹學報》上發表若干學術文字，並在東京開設國學講習班。後來與孫中山、汪精衛、黃興等因《民報》不合，從而轉入專心論學術研究，著有《文始》、《新方言》、《國故論衡》、《齊物論釋》等。其中《國故論衡》為近代學術史上宏大巨製，開闢了漢語言文字學、經學、文學及哲學心理學的現代化研究的先河。一九〇九年又編有《教育今語雜誌》，撰寫若干白話著作，用以普及學術。

　　一九一一年十月辛亥革命發生，章炳麟十一月十五日回到中國上海，向黃興提出「革命軍興，革命黨消」的勸告。並在檳榔嶼《光華日報》連載發表政論〈誅政黨〉。一九一二年二月任南京臨時政府樞密顧問。一九一二年冬任袁世凱政府東三省籌邊使。一九一三年四月從長春返回上海。六月與湯國黎結婚。六月，針對孔教會提議設孔教為國教，發表《駁建立孔教議》，反對定孔教為國教。在袁世凱鎮壓二次革命之後，章炳麟覺察袁世凱包藏禍心，於一九一三年八月進京，想和袁世凱說理。袁世凱避而不見他，章炳麟到新華門大罵，於是遭到囚禁，關押在龍泉寺。被袁世凱囚禁時期，還為吳承仕等人講學不輟。此期間，再次修訂《訄書》，改題《檢論》。集中自己的著作為《章氏叢書》，先後由上海右文社及浙江圖書館出版鉛印及木刻本。一九一六年六月袁世凱死後，章炳麟恢復自由，前往上海。一九

一七年三月對段祺瑞參戰主張表示反對，七月參與護法運動，任海陸軍大元帥府秘書長，為孫中山作〈代擬大元帥就職宣言〉。一九一八年離開廣州途徑四川、湖南、湖北，東下上海。一九二○年擁護「聯省自治」運動。一九二二年在上海講學。但章炳麟始終沒有放棄對黎元洪、吳佩孚、孫傳芳等新舊軍閥勢力的期望，反對國民革命軍北伐。一九二七年南京國民政府成立後，章炳麟採取不合作態度，自命「中華民國遺民」，曾遭國民黨上海黨部通緝。一九三○年後，活動只限於上海、蘇州一帶。晚年主張讀經，力主對日強硬。一九三五年，在蘇州錦帆路開設章氏國學講習會，招收最後一批學生，並出版學刊《制言》。章炳麟晚年學術由漢學轉向宋學及王陽明的心學，而他經學成就更注重魏晉經學，指出了兩漢經學的不足，撰有《漢學論》。又曾撰《救學弊論》批評現代教育體制，主張回歸民間辦學和書院教育。一九三六年六月十四日因病死於於蘇州錦帆路寓所。

▌專家品析

　　章炳麟是近代史上的一棵大樹。樹下是無數風流人物。許壽棠、魯迅、朱宗萊、龔寶銓、錢玄同、朱希祖、錢家治、黃侃、汪東、馬裕藻、沈兼士等均在其門下。

　　章炳麟大師的一生維新、革命，親自參與創建了亞洲第一個共和國，又親眼目睹了所謂的共和國只不過是軍閥們的裝飾品，從袁世凱到蔣介石，大大小小的軍閥走馬燈一樣在政治舞臺上上演著一齣齣武戲，而他終其一生不過是個做學問的人，他把畢生精力獻給了波瀾壯闊的革命運動和源遠流長的民族文化。

▋主張或論著 ————

　　章炳麟被魯迅譽為「有學問的革命家」，是開創中國近代思想與社會大變動的第一代披荊斬棘者中的傑出代表。章太炎的思想、學術及其革命生涯，是中國近代社會與革命的一面鏡子。代表作品有《章氏叢書》、《章太炎年譜長編》、《章太炎醫論》。

44 戊戌變法，啟蒙領袖

—— 梁啟超‧清

生平簡介

姓　　名	梁啟超。
別　　名	飲冰室主人、飲冰子、哀時客。
出 生 地	廣東新會。
生 卒 年	公元一八七三至一九二九年。
身　　份	思想家、文學家。
主要成就	戊戌變法。

名家推介

　　梁啟超（公元 1873-1929），廣東新會人，字卓如，號任公，又號飲冰室主人、飲冰子、哀時客、中國之新民、自由齋主人，清光緒舉人。

　　他是中國近代史上著名的政治活動家、啟蒙思想家、教育家、史學家和文學家，民初清華大學國學院四大教授之一。戊戌變法領袖之一。曾宣導文體改良的「詩界革命」和「小說界革命」。其著作合編為《飲冰室合集》。

▌名家故事 ────────

梁啟超自幼在家中接受傳統教育，一八八九年中舉，一八九〇年赴京會試，落第不中。回廣東路經上海，看到介紹世界地理的《瀛環志略》和上海機器局所譯的西方書籍，眼界大開。同年結識康有為，投在他的門下。一八九一年就讀於萬木草堂，接受康有為的思想學說並由此走上改良維新的道路，時人合稱「康梁」。

一八九五年春，梁啟超再次赴京會試，協助康有為，發動了在京應試舉人聯名請願的「公車上書」。維新運動期間，梁啟超表現活躍，曾主編北京《萬國公報》和上海《時務報》，又赴澳門籌辦《知新報》。他的許多政論在社會上有很大影響。一八九七年，任長沙時務學堂總教習，在湖南宣傳變法思想。

一八九八年，回京參加「百日維新」。七月，受光緒帝召見，奉命進呈所著《變法通議》，賜六品官銜，負責辦理京師大學堂譯書局事務。同年九月，戊戌政變發生，梁啟超逃亡日本，一度與孫中山為首的革命派有過接觸。在日本期間，先後創辦《清議報》和《新民叢報》，繼續提倡改良，反對革命。同時也大量介紹西方社會政治學說，在當時的知識分子中影響很大。

武昌起義爆發後，他企圖使革命派與清政府妥協。民國初年支持袁世凱，並秉承袁世凱的心意，將民主黨與共和黨、統一黨合併，改建進步黨，與孫中山領導的國民黨爭奪政治權力。一九一三年，進步黨「人才內閣」成立，梁啟超出任司法總長。袁世凱稱帝的野心日益暴露，梁啟超反對袁氏稱帝，與蔡鍔策劃武力反袁。一九一五年底，護國戰爭在雲南爆發。一九一六年，梁啟超赴兩廣地區參加反袁鬥爭。袁世凱死後，梁啟超出任段祺瑞北洋政府財政總長兼鹽務總署督

辦。九月，孫中山發動護法戰爭。十一月，段祺瑞內閣被迫下臺，梁啟超也隨之辭職，從此退出政壇。

一九一八年底，梁啟超赴歐，了解到西方社會的許多問題和弊端。回國之後即宣揚西方文明已經破產，主張光大傳統文化，用東方的「固有文明」來「拯救世界」。歐遊歸來之後，他以主要精力從事文化教育和學術研究活動，研究重點為先秦諸子、清代學術、史學和佛學。一九二二年起在清華學校兼課，一九二五年應聘任清華國學研究院導師，指導範圍為「諸子」、「中國佛學史」、「宋元明學術史」、「清代學術史」、「中國文學」、「中國哲學史」、「中國史」、「史學研究法」、「儒家哲學」、「東西交流史」等。這期間著有《清代學術概論》、《墨子學案》、《中國歷史研究法》、《中國近三百年學術史》、《情聖杜甫》、《屈原研究》、《先秦政治思想史》、《中國文化史》、《變法通議》等。一九二七年，離開清華研究院。一九二九年病逝。

梁啟超於學術研究涉獵廣泛，在哲學、文學、史學、經學、法學、倫理學、宗教學等領域，均有建樹，以史學研究成績最顯著。

梁啟超一生勤奮，著述宏富，在將近三十六年的政治活動占去大量時間的情況下，每年平均寫作達三十九萬字之多，各種著述達一千四百多萬字。

他有多種作品集傳世，以一九三六年九月十一日出版的《飲冰室合集》較完備。《飲冰室合集》共計一百四十八卷，一千餘萬字。一九〇一至一九〇二年，先後撰寫了《中國史敘論》和《新史學》，批判封建史學，發動「史學革命」。

梁啟超在文學理論上引進了西方文化及文學新觀念，首先提倡近代各種文體的革新。文學創作上也有多方面成就，散文、詩歌、小說、戲曲及翻譯文學方面均有作品行世，尤以散文影響最大。

　　梁啟超的文章風格，世稱「新文體」。這種帶有「策士文學」風格的「新文體」，成為五四以前最受歡迎、模仿者最多的文體，而且至今仍然值得學習和研究。梁啟超寫於一九〇五年的〈俄羅斯革命之影響〉，文章以簡短急促的文字開篇，如山石崩裂，似岩漿噴湧：「電燈滅，瓦斯竭，船塢停，鐵礦徹，電線斫，鐵道掘，軍廠焚，報館歇，匕首現，炸彈裂，君後逃，輦轂塞，員警騷，兵士集，日無光，野盈血，飛電劃目，全球撟舌，於戲，俄羅斯革命！於戲，全地球唯一之專制國遂不免於大革命！」然後，以「革命之原因」、「革命之動機及其方針」、「革命之前途」、「革命之影響」為題分析，絲絲入扣。難怪胡適說：「梁先生的文章……使讀者不能不跟著他走，不能不跟著他想！」

　　在書法藝術方面，梁啟超早年研習歐陽詢，後從學於康有為，傳承漢魏六朝碑刻。

▌專家品析

　　梁啟超是戊戌變法領導人之一，中國十九、二十世紀之交資產階級維新派的著名宣傳活動家。他主張賦稅的徵收必須以便民為原則，實行輕稅、平稅政策，而反對與民爭利的傳統觀點。他提出應仿傚英國實行平稅政策，便民利民而後求富強。這是一種把經濟發展放在首位，財政稅收放在其基礎之上的觀點，對當時中國資本主義工商業的發展具有積極意義。

▌主張或論著 ───────

　　梁啟超在近代史上最重要的價值在於他長期致力於辦報、辦刊，宣傳新思想，致力於思想建設，要使中國人在精神上站起來，這才是他成為十九世紀末以來中國最偉大的思想家之一的原因。他在二十世紀初就寫下了具有現代意義的《新民說》，呼喚講自由、有個性、具備獨立人格，成為有權利、守義務的一代國民。從此，新民的理想一直是梁啟超精神世界的主旋律。

45 物競天擇，適者生存
—— 嚴復 · 清

生平簡介

姓　　名　嚴復。

字　　　　幾道。

出 生 地　福建侯官。

生 卒 年　公元一八五四至一九二一年。

身　　份　翻譯家和教育家。

主要成就　首倡「信、達、雅」的譯文
　　　　　標準。

名家推介

　　嚴復（公元 1854-1921），原名宗光，字又陵，後改名復，字幾道，漢族，福建侯官人。一九二一年十月二十七日去世，終年六十八歲。著作有《嚴幾道詩文鈔》等，著譯《侯官嚴氏叢刊》、《嚴譯名著叢刊》。

　　他是清末很有影響的資產階級啟蒙思想家，翻譯家和教育家，是中國近代史上向西方國家尋找真理的「先進的中國人」之一。

▍名家故事

　　一八六六年，嚴復考入福州船廠附設的船政學堂，學習英文及近代自然科學知識，五年後以優等成績畢業。一八七七年到一八七九年，嚴復被公派到英國留學，先入普茨毛斯大學，後轉到格林威治海軍學院。留學期間，嚴復對英國的社會政治發生興趣，涉獵了大量的資產階級政治學術理論，並且尤為讚賞達爾文的進化論觀點。一八七九年畢業回國，到福州船廠船政學任教習（教師），次年調任天津北洋水師學堂總教習（教務長），後升為總辦（校長）。

　　此後不久，嚴復從海軍界轉入思想界，積極宣導西學的啟蒙教育，辛亥革命後，嚴復受袁世凱任命擔任北大校長之職。嚴復還曾擔任過京師大學堂譯局總辦、上海復旦公學校長、安慶高等師範學堂校長，清朝學部名辭館總編輯等職。

　　在復法運動中，嚴復是一個反對頑固保守、力主復法的維新派思想家。他不僅著文闡述維新的必要性、重要性、迫切性，而且翻譯了英國生物學家赫胥黎的《天演論》，以「物竟天擇、適者生存」作為救亡圖存的理論依據，在當時產生了巨大的影響。戊戌變法後，他致力於翻譯西方資產階級哲學社會學說及自然科學著作，是一個資產階級啟蒙思想家。嚴覆信奉達爾文進化論和斯賓塞的庸俗進化論。這是他政治思想的理論基礎，也是他教育思想的理論基礎。嚴復提出一個國家的強弱存亡決定於三個基本條件：「一是血氣體力之強，二是聰明智慧之強，三是德性義仁之強。」他幻想通過資產階級的體、智、德三方面教育增強國威。號召全國民力要有健康的體魄，要禁絕鴉片和禁止纏足惡習；開發民智以西學代替科舉；創新民德是廢除專制統治，實行君主立憲，宣導「尊民」。嚴復要求維新變法，主張變法的

具體辦法就是要通過教育來實現，即在當時的中國，要實行君主立憲，必須開發民智之後才能實行，總之，「教育救國論」是嚴復的一個突出思想特點。

嚴復疾呼必須實行變法，否則必然亡國。而變法最當先的是廢除八股。嚴復歷數八股的危害。嚴復主張多辦學校，他曾論述西洋各國重視教育，闡述中國民眾愚智懸殊，自然不能勝過人家。基於這種思想，嚴復對辦學校是積極的，他除親自總理北洋水師學堂長達二十年外，還幫助別人辦過學校。嚴復要求建立完整的學校系統來普及教育，以「開發民智」。他根據資本主義國家的制度，提出中國的學校教育應分三段的計劃，即小學堂、中學堂和大學堂。小學堂吸收十六歲以前的兒童入學；中學堂吸收十六至二十一歲文理通順、有小學基礎的青年入學；大學堂學習三四年，然後升入專門學堂進行分科的專業學習。同時，還要把學習好的聰明之士送出國留學，以造就學有專長的人才。

此外，嚴復還很重視婦女教育。他對當時上海徑正女學的創辦大為讚賞，認為這是中國婦女擺脫封建禮教束縛的開始，也是中國婦女自強的開始。他從救亡圖存的目的出發，認為婦女自強是救國的又一根本，他主張婦女應和男子一樣，在女學堂裏既要讀書，又要參加社會活動，如果不參加社會活動，創辦的女學堂就和封建私塾沒什麼區別，因而也就無意義了。顯然，他是將婦女置於整個社會變革，特別是婦女自身解放的前提下來考慮的，十分強調參加社會活動對女學堂學生的重要意義，這也是他在婦女教育方面高出一般人之處。

嚴復提倡西學，反對洋務派「中學為體、西學為用」的觀點。他曾多次將中學與西學做比較，提出「以自由為體，以民主為和」的資產階段教育方針。他從「體用一致」的觀點出發，具體規定了所設想

的學校體系中各階段的教學內容和教學方法。他認為在小學階段，教育目的是使兒童粗略通曉一些經史子集，並以明白易懂的文字翻譯西學中最淺最實的科普讀物為輔助。在教學方法上，多採用講解，減少記誦功夫。中學階段應以西學為重點，洋文功課占十分之七，中文功課占十分之三，並且規定一切教學都用洋文授課。在高等學堂階段，主要學西學，至於中文，則是有考試，無功課；有書籍，無講解。他認為對於青少年，應引導他們分析，學些專深的知識，如此，讓他們有所收益，觸類旁通、左右逢源。

科學方法問題是嚴復西學觀中的一個重要方面，他曾翻譯形式邏輯學，並積極進行對它的宣傳介紹。他認為歸納和演繹是建立科學的兩種重要手段。我國幾千年來，演繹太多，而歸納太少，這也是中國學術之所以龐雜，而國計民生之所以多病的一個原因。

▍專家品析 ────────

嚴復先後出任安徽高等學堂監督、復旦公學和北京大學等校校長，以教育救國為任。嚴復翻譯了《天演論》、《原富》、《群學肄言》、《群己權界論》、《社會通詮》、《穆勒名學》、《名學淺說》、《法意》、《美術通詮》等西洋學術名著，成為近代中國開啟民智的一代宗師。

嚴復基於對國情民性的獨特把握，他終身反對革命共和，既沒獲得當時的理解，更被後世貶斥。雖然如此，但他立身行並且秉持特立獨行的操守，學術政見有他貫徹始終的原則，在翻譯學上更是開創中國的先河，其風格思想影響了後期一大批著名翻譯家，留給了後世一筆寶貴的遺產，他的功過是非與成敗得失，值得後世用心研究總結。

▌主張或論著 ─────

　　在《天演論》中，嚴復以「物競天擇」、「適者生存」的生物進化理論闡發他救亡圖存的觀點，提倡鼓動民力、開發民智、創新民德、自強自立、號召救亡圖存。他的譯文簡練，首倡「信、達、雅」的譯文標準。他第一次把西方的古典經濟學、政治學理論以及自然科學和哲學理論較為系統地引入中國，啟蒙與教育了一代國人。譯作有亞當‧斯密《原富》、斯賓塞《群學肄言》、孟德斯鳩《法意》。

46 學術自由，革新文風
── 蔡元培・近現代

▋生平簡介 ────────

姓　　名	蔡元培。
別　　名	蔡振、周子餘。
出 生 地	浙江紹興山陰縣。
生 卒 年	公元一八六八至一九四○年。
身　　份	北京大學校長、教育家、革命家。
主要成就	建立中國資產階級民主制度、開「學術」與「自由」之風。

▋名家推介 ────────

　　蔡元培（公元 1868-1940），字鶴卿、子民，號子農，漢族，浙江紹興山陰（今越城區）人。

　　他是一代革命家、教育家、政治家。中華民國首任教育總長，一九一六年至一九二七年任北京大學校長，革新北大，開「學術」與「自由」之風；一九二○年至一九三○年，蔡元培同時兼任中法大學校長。遺著輯有《蔡元培全集》。《中國近現代名人大辭典》有錄。

▌名家故事 ───────

　　蔡元培十七歲考取秀才，十八歲設館教書。青年時期，連續中舉人、取進士、點翰林、授編修。一八九八年，棄官從教，初任紹興中西學堂監督、嵊縣剡山書院院長、南洋公學特班總教習。一九○二年，組織中國教育會並任會長，創立愛國學社、愛國女學，均曾被推為總理。一九○四年組織光復會，一九○五年參加同盟會。一九○七年赴德國萊比錫大學研讀哲學、心理學、美術史等。

　　武昌起義後蔡元培回國，一九一二年一月就任南京臨時政府教育總長。不久，因不滿袁世凱的專制而辭職，再赴德、法等國學習和考察。一九一五年與李石曾等在法國組織勤工儉學會，次年與吳玉章等發起組織華法教育會，提倡勤工儉學。一九一六年回國，次年任北京大學校長。一九二一年，法國里昂大學、美國紐約大學，分別授予他文學、法學博士榮譽學位。在一九二四、一九二六年中國國民黨第一次、第二次全國代表大會上，入選中央監察委員會。一九二七年，除任國民黨中央政治會議委員、中央特別委員會常務委員、國民政府常務委員、監察院長、代理司法部長等職外，並倡議成立大學院作為全國最高學術教育行政機關，被任為大學院院長。一九二八年辭去各行政職務，專任國立中央研究院院長。還兼任交通大學、中法大學、國立西湖藝術院等多所高等學校校長、院長以及故宮博物院理事長、北平圖書館館長等職。一九三二年，同宋慶齡、楊杏佛等在上海組織中國民權保障同盟，被推為副主席。晚年，為抗日救亡事業奔波，努力促成國共合作。一九三八年，被推為國際反侵略運動大會名譽主席。一九四○年三月五日在香港病逝。

　　蔡元培是第一位提出「軍國民教育、實利主義教育、公民道德教

育、世界觀教育、美感教育」，主張五育並舉的教育思想家，這是蔡
元培教育思想的一個顯著特點。這是辛亥革命勝利不久，南京臨時政
府剛剛成立時提出來的。當時，中國的教育正處於一個重要的歷史轉
折關頭，隨著辛亥革命的勝利，在中國實行了幾千年的封建統治被推
翻了，但是教育領域中封建教育的改革，只是頒佈了一些具體的暫行
規定，還缺乏明確的教育指導思想，缺乏新的教育宗旨。要使資產階
級對封建教育的改革能夠深入、健康地開展，迫切需要在統一的教育
思想指導下，盡快地確定一個反映資產階級要求的教育宗旨，來規定
資產階級對於人才培養的目標和要求，正是在這樣的形勢下，一九一
二年二月間蔡元培發表了著名的教育論文〈對於新教育之意見〉比較
系統地提出了五育並舉的思想。

國民教育，清末由國外傳出，蔡元培認為，他並不是一種理想社
會的教育，然而在中國，卻是必須要採取的教育模式。

實利主義教育，實利主義教育被蔡元培認為是富國的手段，他認
為世界的競爭不僅僅是在武力，尤其是在財力。因此加強科學技術教
育，提高生產力，發展國民經濟，國家富強才能夠在世界競爭中生存
下來。

公民道德教育，蔡元培認為軍國民教育、實利主義教育固然重
要，但是僅有軍國民教育和實利主義教育還不夠，必須教育公民注重
道德。蔡元培所提倡的是西方資產階級的道德觀念，主張用自由、平
等、博愛的資產階級道德，作為進行道德教育的內容。蔡元培在提倡
西方資產階級道德觀念時，並沒有全盤否定中國傳統的道德思想，他
把西方近代資產階級「自由、平等、博愛」的道德觀念，分別比做中
國古代儒家所提倡的「義、恕、仁」。雖然這種比附是牽強的，然
而，他這樣做，又是有其深刻用意的。他主張廣泛吸收國外文化，同

時，他又強調，吸收國外文化時，他批評有些志氣薄弱者，一到國外留學，就忘記自己的國家。

世界觀的教育，世界觀的教育為蔡元培在中國近代教育史上所首創的，受到康德哲學的影響，它認為世界分為現象世界和實體世界兩部分，進行世界觀教育就在於培養人對現象世界持超然態度，對實體世界則抱積極進取態度，蔡元培的世界觀教育，是建立在把世界劃分為現象世界和實體世界這個唯心主義世界觀的基礎上，然而，他要求人們遵循思想自由，言論自由的原則，不要被束縛於某一學說的思想，在當時具有打破幾千年思想專制統治的解放作用。

蔡元培是中國近代史上著名的教育家、思想家，他一生清廉正直，被毛澤東譽為「學界泰斗、人世楷模」。

▌專家品析

蔡元培七十二年的人生歷程，先後經歷了清政府時代、南京臨時政府時代、北洋政府時代和國民黨政府時代，一路經歷風雨，始終信守愛國和民主的政治理念，致力於廢除封建主義的教育制度，奠定了我國新式教育制度的基礎，為我國教育、文化、科學事業的發展作出了富有開創性的貢獻。

蔡元培也很重視勞動教育、平民教育和女子教育，他對近現代中國教育、中國革命作出了不可磨滅的貢獻，主要是：自蔡元培開始，中國才形成了較完整的資產階級教育思想體系和教育制度。他的「思想自由，相容並包」的主張，使北大成為新文化運動的發祥地，為新民主主義革命的發生創造了條件。為中華民族保護了一批思想先進、才華出眾的學者。

▌主張或論著 ————

　　蔡元培為發展中國新文化教育事業，建立中國資產階級民主制度作出了重大貢獻，堪稱「學界泰斗、人世楷模」。他提出了「五育」（國民教育、實利主義教育、公民道德教育、世界觀教育、美感教育）並舉的教育方針和「尚自然」、「展個性」的兒童教育主張。代表作品有《蔡元培自述》、《中國倫理學史》。

47 社會學校，教學一統
—— 陶行知 · 近現代

▌生平簡介

姓　　名　陶行知。

別　　名　陶文。

出 生 地　徽州府歙縣西鄉。

生 卒 年　公元一八九一至一九四六年。

身　　份　教育家、學者、思想家。

主要成就　開創中國近代教育典範。

▌名家推介

　　陶行知（公元 1891-1946），漢族，徽州歙縣人，別名陶文濬。中國人民教育家、教育思想家，民主主義戰士，偉大的共產主義戰士。是中國人民救國會和中國民主同盟的主要領導人之一。

　　他曾任南京高等師範學校教務主任，繼任中華教育改進社總幹事。先後創辦曉莊學校、生活教育社、山海工學團、育才學校和社會大學。提出了「生活即教育」、「社會即學校」、「教學做合一」三大主張，生活教育理論是陶行知教育思想的理論核心。著作有《中國教育改造》、《古廟敲鐘錄》、《齋夫自由談》、《行知書信》、《行知詩歌集》。

▌名家故事 ————————

　　陶行知一九〇九年考入南京匯文書院，次年轉入金陵大學文科。讀大學期間，在他宣導並主編中文版校刊《金陵光》上，他寫了〈金陵光出版之宣言〉一文，號召全校同學，努力學習和工作，發出自己的光和熱，報效祖國，「使中華放大光明於世界」。辛亥革命爆發時，他曾回鄉投身革命運動。

　　一九一四年，金陵大學畢業後他赴美留學。他先是在伊利諾大學學市政，半年後便毅然轉學哥倫比亞大學，師從杜威、孟祿、克伯屈等美國教育家研究教育。因為他認識到學市政只能做官，不能救國。一九一七年畢業後，他毅然謝絕校方請他繼續留學深造的邀請，踏上了投身教育，報效祖國的神聖之路。他在歸國時乘坐的船上，與同學們暢談自己今後的抱負，豪邁地說：「我要使全體中國人都有受教育的機會」。

　　陶行知從美國學成歸國之時，正值國內興起五四新文化運動，他馬上以巨大熱情投身教育改革，並決心改變只為上層統治者服務的辦學方式，用平民教育為中國教育尋覓新的曙光。他認為中國教育改造的根本問題在農村，主張到民間去。他在批判杜威「教育即生活」的基礎上，陶行知提出「生活即教育」、「社會即學校」、「教學做合一」主張，形成「生活教育」教育思想體系。

　　「生活即教育」是陶行知生活教育理論的核心。在陶行知看來，教育和生活是同一過程，教育含於生活之中，教育必須和生活結合才能發生作用，他主張把教育與生活完全熔於一爐。陶行知所說的教育是指終生教育，它以生活為前提，不與實際生活相結合的教育就不是真正的教育。他堅決反對沒有生活做中心的死教育、死學校、死書

本。

　　陶行知的生活不是人們通常狹義的理解，而是包含廣泛意味的生活實踐的生活。生活是包括整個自然界和人類社會生活的總體，是人類一切實踐活動的總稱。「生活即教育」就其本質而言，是生活決定教育，教育改造生活。具體講，教育的目的、內容、原則、方法均由生活決定；教育要通過生活來進行；整個的生活要有整個的教育；生活是發展的，教育也應隨時代的前進而不斷發展。教育改造生活是指教育不是被動地由生活制約，而是對生活有能動的促進作用。生活教育的實質體現了生活與教育的辯證關係。陶行知認為：在一般的生活裏，找出教育的特殊意義，發揮出教育的特殊力量。同時要在特殊的教育裏，找出一般的生活聯繫，展開對一般生活的普遍而深刻的影響。把教育推廣到生活所包括的領域，使生活提高到教育的水準。

　　「社會即學校」來源於杜威的「學校即社會」，是在對杜威教育思想批判的基礎上得出的。陶行知認為，在「學校即社會」的主張下，學校裏的東西太少，不如反過來主張「社會即學校」，教育的材料，教育的方法，教育的工具，教育的環境，都可以大大地增加，學生、先生也可以多起來。「社會即學校」是與「生活即教育」緊密相聯的，是「生活即教育」同一意義的不同說明，也是它的邏輯延伸與保證。因為生活教育的生活是社會生活，所以整個社會的運動，就是教育的範圍，生活和教育它們的血脈是自然相通的。

　　「社會即學校」的根本思想是反對脫離生活、脫離人民大眾的「小眾教育」，主張用社會各方面的力量，打通學校和社會的聯繫，創辦人民所需要的學校，培養社會所需要的人才。真正把學校放到社會裏去辦，使學校與社會息息相關，使學校成為社會生活所必須。因此「社會即學校」的真正含義就是根據社會需要辦學校。從教育內容

說，人民需要什麼生活就辦什麼教育；從教育形式來說，適宜什麼形式的學校就辦什麼形式的學校。「社會即學校」不是學校消亡論，而是學校改造論，改造舊學校以適應社會發展的需要。

「教學做合一」用陶行知的話說，是生活現象的說明，即教育現象的說明，在生活裏，對事是做，對自己的長進是學，對人的影響是教育，教、學、做只是一種生活的三方面。「教、學、做是一件事，不是三件事。我們要在做上教，在做上學」。值得指出的是：「教學做合一」的「做」與杜威「從做中學」的「做」是有區別的。首先，陶行知反對勞力與勞心脫節。其次教學做合一又以做為中心，重知必先重行，陶行知的「做」是建立在「行」的基礎上，是以「行」求知，強調「行」是獲得知識的源泉。這些見解在認識論上具有唯物主義因素，因而「教學做合一」成為他的教育理論體系的精髓。

▌專家品析

陶行知特別重視生活教育的作用，他把生活教育當作改造中國教育、社會的唯一出路。在陶行知看來，有了生活教育就能打破「死讀書、讀死書、讀書死」的傳統舊教育；有了生活教育，就能隨手抓來都是學問，都是本領，接受了生活教育就能增加自己的知識，增加自己的力量，增加自己的信仰。

陶行知不把生活教育當作衡量教育、學校、書本甚至一切的標準。生活教育理論在反傳統的舊教育上具有一定的積極意義，它揭露並批評了舊教育存在的問題，同時提出了解決問題的具體辦法，在當時的歷史下，對普及識字教育、掃除文盲，在很多方面是適應的。陶

行知提出「教學做合一」，要求「教」與「學」同「做」結合起來，同實際的生活活動結合起來，這對教師就有了新的要求。要求教師尊重學生，注意教學之外的生活，指導學生在實際的活動中學好本領，培養他們的生活能力。從這個意義上講，對當時的教學方法的改革有積極作用，對我們現在的教學方式也有啟發之處。

▍主張或論著

　　陶行知一生致力於宣傳生活教育，提倡教學做合一及小先生制，要求教育與實際結合，為人民大眾服務。提出了「生活即教育」、「社會即學校」、「教學做合一」三大主張。代表作品有《中國教育改造》、《古廟敲鐘錄》、《齋夫自由談》、《行知書信》。

48 民族自救，最後覺悟

—— 梁漱溟·近現代

生平簡介

姓　　名　梁漱溟。

字　　　　壽銘。

出 生 地　北京。

生 卒 年　公元一八九三至一九八八年。

身　　份　思想家、哲學家、教育家。

主要成就　鄉村建設運動先驅，傳統文
　　　　　化的最先宣導和發揚者。

名家推介

　　梁漱溟（公元 1893-1988），原名煥鼎，字壽銘、蕭名、漱溟，廣
西桂林人。中國近代著名的思想家、哲學家、教育家、社會活動家、
愛國民主人士，著名國學大師。現代新儒家的早期代表人物之一，一
生主要致力研究人生問題和社會問題，他被稱為「中國最後一位儒
家」。

　　梁漱溟的座右銘是：「我願終身為華夏民族社會盡力，並願使自
己成為社會所永久信賴的一個人。」他一生著述頗多，代表作品有
《鄉村建設理論》、《人心與人生》等。

▌名家故事 ────────

梁漱溟六歲開始啟蒙讀書，那時候他還不會穿褲子。上了四所小學，學的是 ABCD，所以他只有中學畢業文憑。

一九一二年，梁漱溟十九歲，參加了同盟會，成了一個革命者，隨後又當了《民國報》的編輯，因為他經常到國會去採訪，他從此接觸了很多的西方思想，開始研究西方政治體制在中國的應用。但是，同一段時間，他卻因人生問題的困擾兩次想要自殺，後來入迷佛學，一度想出家當和尚。他因為接觸了佛學，而且達到了研究很癡迷的地步，在當時很有造詣。

第二年，他被蔡元培請到北京大學，擔任印度哲學教學工作，中學畢業而榮登大學教授座席。一九一七年梁漱溟出任北大講師的時候完成了他的巨著《東西文化及其哲學》，他在這一時期顯露出入世濟人的心懷。他把解決中國問題的重點，落實在社會改造上，他想出的辦法是「鄉治」。在成功說服軍閥韓復榘後，梁漱溟得以在河南、山東開始他的「鄉村自治」教育試驗。在山東，梁漱溟的鄉村建設有很大「特權」。他在推行自己的試驗時，將鄉、村一級的行政機構全部去掉，在山東鄒平只保留了一個縣政府。實際上，鄉村試驗是梁漱溟在教育孩子方面所體現出來的「無為而治」的具體體現，更多的時候，他把精力用在對農民的精神教育上。

梁漱溟的理想是要教育全民，創造新文化，改造思想。梁漱溟認為，舊中國傳下來很多弊病，比如政治上不上軌道，是因為舊思想作祟。改造中國，思想是阻礙，不是槍、不是政權。所以他把鄉村建設運動的主旨定為八個字「團體組織，科學技術」，他是要把散漫的、只顧自家自身的農民組織起來搞生產，在生產中學習和運用科學技

術。

新中國成立後，一九五〇年一月，在毛澤東和周恩來的再三邀請下，梁漱溟由重慶來到北京。在這段時間裏，梁漱溟與毛澤東的關係十分融洽，經常來往。

一九七九年初，全國第五屆政協會議在北京召開，鄧小平當選全國政協主席，梁漱溟當選為政協常委。升了「官」的梁漱溟已八十五歲。

十個月之後，黨的十一屆三中全會召開，中國進入了新的歷史時期，梁漱溟擔任了憲法修改委員會委員。梁漱溟除了在政治上發表一些見解外，大部分時間都在著書立說，八十歲後，成了他一生創立和研究學術的高峰期。

一九八八年六月二十三日，九十五歲高齡的梁漱溟在北京與世長辭。墓地在桂林市穿山公園。

▎專家品析

梁漱溟是二十世紀中國最有創造力的思想家。梁漱溟領導的鄉村建設運動，是構思宏大的社會改造試驗，嘗試將西方現代化的優點與中國文化的優點融合的起點。梁漱溟開創了現代新儒家學派，並成為將新儒家的思維發展起來的啟蒙者。

梁漱溟曾經預測了中國將來有一天可以走向現代化，他一生的著述都和中華民族國計民生有關聯，為此，他不但是一位新中國的思想家、教育家，更應該是一位傳統文化的最先宣導和發揚者。他當之無愧是一代宗師、文化巨匠。

▌主張或論著 —————

梁漱溟一生著述甚多，他的學術思想和社會活動在海內外有廣泛影響，深為人們所關注。中國文化書院將其著述編成全集，山東人民出版社出版。

《梁漱溟全集》，約五百萬字，按照專著、論文、講演、札記、日記、書信編為八卷，按照年代排列。一九八九年開始出版後受到讀者的肯定和歡迎，至今求購者不斷。

參考文獻

朱昌徹：《中國古代思想家》（北京市：北京科學技術出版社，1995年）

周月亮：《歷代大儒傳》（濟南市：山東人民出版社，1995 年）

王引淑：《中國政治思想史綱要》（合肥市：中國科技大學出版社，1993 年）

田洪江：《二十位思想大師智慧人生》（長春市：吉林人民出版社，2006 年）

陳衛平：《中國近代思想家》（北京市：北京科學技術出版社，1995年）

昌明文庫・悅讀人物　A0603003

中華五千年思想家評傳

主　　編	曲相奎
責任編輯	蔡雅如
發 行 人	陳滿銘
總 經 理	梁錦興
總 編 輯	陳滿銘
副總編輯	張晏瑞
編 輯 所	萬卷樓圖書股份有限公司
排　　版	菩薩蠻數位文化有限公司
印　　刷	百通科技股份有限公司
封面設計	曾詠霓

出　　版　昌明文化有限公司

桃園市龜山區中原街 32 號

電話　(02)23216565

發　　行　萬卷樓圖書股份有限公司

臺北市羅斯福路二段 41 號 6 樓之 3

電話　(02)23216565

傳真　(02)23218698

電郵　SERVICE@WANJUAN.COM.TW

大陸經銷

廈門外圖臺灣書店有限公司

　　電郵　JKB188@188.COM

ISBN 978-986-93170-9-2

2016 年 8 月初版

定價：新臺幣 380 元

如何購買本書：

1. 劃撥購書，請透過以下郵政劃撥帳號：

　帳號：15624015

　戶名：萬卷樓圖書股份有限公司

2. 轉帳購書，請透過以下帳戶

　合作金庫銀行　古亭分行

　戶名：萬卷樓圖書股份有限公司

　帳號：0877717092596

3. 網路購書，請透過萬卷樓網站

　網址 WWW.WANJUAN.COM.TW

大量購書，請直接聯繫我們，將有專人為您

服務。客服：(02)23216565 分機 10

如有缺頁、破損或裝訂錯誤，請寄回更換

國家圖書館出版品預行編目資料

中華五千年思想家評傳 / 曲相奎主編. -- 初
版. -- 桃園市：昌明文化出版；臺北市：萬
卷樓發行, 2016.08

　面；　公分. . -- (昌明文庫.悅讀人物)

ISBN 978-986-93170-9-2(平裝)

1.哲學　2.傳記　3.中國

120.99　　　　　　　　　　　105015419